Stéphane Ruais : *Quatre-mâts Bordes. Four-master Bordes.* Collection Denis Chevalier

Marines
et
Ports de France
French Ports and Seascapes

© 1989 – Éditions Hervas
123, av. Philippe-Auguste – 75011 Paris
ISBN 2-903118-45-0

Gwenola de Luze

Marines et Ports de France

French Ports and Seascapes

Préface
Amiral André Roux

avec la collaboration de
Philippe Levée

EDITIONS HERVAS

Préface

Tous nos Ports ont leur gloire ou leur luxe à nommer.

Ainsi parlait Vigny dans son poème *La Frégate La Sérieuse.*

Je ne peux faire mieux, je crois, pour présenter l'œuvre de Gwenola de Luze que de reproduire d'abord la description que le poète donne lui-même des accès de nos façades maritimes :

Brest vante son beau port et cette rade insigne
Où peuvent manœuvrer trois cents vaisseaux de ligne;
Boulogne, sa cité haute et double, et Calais,
Sa citadelle assise en mer comme un palais;
Dieppe a son vieux château soutenu par la dune,
Ses baigneuses cherchant la vague au clair de lune,
Et ses deux monts en vain par la mer insultés;
Cherbourg a ses fanaux de bien loin consultés,
Et gronde en menaçant Guernsey la sentinelle
Debout près de Jersey, presque en France ainsi qu'elle.
Lorient, dans sa rade au mouillage inégal,
Reçoit la poudre d'or des noirs du Sénégal;
Saint-Malo dans son port tranquillement regarde
Mille rochers debout qui lui servent de garde;
Le Havre a pour parure ensemble et pour appui
Notre-Dame-de-Grâce et Honfleur devant lui;

Stéphane Ruais :
Le phare d'Armen.
The Armen lighthouse.
Collection Gildas de Kerdrel,
Marine d'Autrefois.

5

Bordeaux, de ses longs quais parés de maisons neuves,
Porte jusqu'à la mer ses vins sur deux grands fleuves;
Toute ville à Marseille aurait droit d'envier
Sa ceinture de fruits, d'orange et d'olivier;
D'or et de fer Bayonne en tout temps fut prodigue;
Du grand Cardinal-Duc La Rochelle a la digue...

L'œuvre de Gwenola s'inscrit alors tout naturellement comme un complément harmonieux dans le cadre ainsi tracé.

Et c'est avec talent et vérité qu'elle a mis toute la foi de sa jeunesse dans le rôle que joue la Mer dans les destinées de notre pays. Nul doute qu'elle ne la fasse pleinement partager à ses lecteurs.

Qu'elle trouve ici le témoignage d'admiration d'une vie consacrée au même idéal.

"Allour ports have a glory or a luxury to claim", asserted Alfred de Vigny, in his poem *La Frégate La Sérieuse.*

In order to present the work of Gwenola de Luze, I think one could do no better than to begin with a description the [early nineteenth century] poet gave of French coastlines entries :

Brest *lauds its fine-looking port and remarkable roads*
Where three hundred men-of-war can easily manoeuvre;
Boulogne *has its upper double town, and* Calais,
Its Citadel firm on the sea like a palace;
Dieppe *has an old castle supported by the dune,*
Bathing-women seeking the waves in the moonlight,

And its two mounds in vain abused by the sea;
Cherbourg *has its beacons consulted from afar*
And threateningly scolds Guernsey, the sentinel,
Standing next to Jersey, almost French as itself.
Lorient, *in its roadstead uneven moorage,*
Receives gold dust from Senegal's black men;
Quietly St. Malo *surveys from its harbour*
A thousand ridges of rocks keeping watch over it.
Le Havre *has for ornament and support together*
Our Lady of Grace and Honfleur, before it;
Bordeaux *from its long quays adorned with new buildings*
Carries wines down to the sea on two wide streams;
Any town could fairly be envious of Marseilles
For its belt of fruit-trees, orange and olive;
With gold and iron, Bayonne *was lavish of old;*
And the great Cardinal-Duke left La Rochelle *a dyke...*

Gwenola's text effortlessly fills in the framework thus drawn.

With talent and truthfulness, she puts all her youthful faith in the role the Sea plays in the Destinies of France. I doubt not that she will succeed in making the reader share her confidence.

May she find here the marks of the esteem she inspires in one whose life has been wholly devoted to the same ideals.

Amiral ANDRÉ ROUX

7

André Pecker : *Cassis.*

Introduction

« Un port est un séjour charmant pour une âme fatiguée des luttes de la vie. L'ampleur du ciel, l'architecture mobile des nuages, les colorations changeantes de la mer, le scintillement des phares, sont un prisme merveilleusement propre à amuser les yeux sans jamais les lasser. Les formes élancées des navires, au gréement compliqué, auxquels la houle imprime des oscillations harmonieuses, servent à entretenir dans l'âme le goût du rythme et de la beauté. Et puis, surtout, il y a une sorte de plaisir mystérieux et aristocratique pour celui qui n'a plus ni curiosité ni ambition, à contempler, couché dans le belvédère ou accoudé sur le môle, tous ces mouvements de ceux qui partent et de ceux qui reviennent, de ceux qui ont encore la force de vouloir, le désir de voyager ou de s'enrichir. »

Ce « petit poème en prose », l'un de ceux que Baudelaire écrivit à partir de 1857, dépeint admirablement le spleen du flâneur « accoudé sur le môle », attentif au mouvement « de ceux qui partent et de ceux qui reviennent ».

Le présent ouvrage a l'ambition de tirer de sa rêverie le spectateur de Baudelaire et de l'embarquer, d'escale en escale, de Dunkerque à Ajaccio, guidé par les peintres et les graveurs qui ont immortalisé nos ports.

Tout commence, ou presque, lorsque le marquis de Marigny, frère de la marquise de Pompadour, surintendant des bâtiments du Roi, demande en 1752

– l'année où fut créée l'Académie de Marine – à Joseph Vernet de réaliser un reportage, comme l'on dirait aujourd'hui, à la plus grande gloire de la marine royale. L'itinéraire fixé, Vernet réalise de 1754 à 1765 quinze vues de ports sur les vingt-quatre prévues dans la commande de Marigny. Ces tableaux somptueux témoignent, avec un luxe de détails, de l'animation des ports et de la vie des arsenaux au siècle des Lumières. Vernet rompt aussi avec la manière de Claude Gellée, dit le Lorrain, dont les ports idéalisés disposaient à l'extase plus qu'à l'observation.

Réaliste jusqu'à l'aventure, Joseph Vernet se serait fait attacher au mât d'un navire pour mieux étudier les effets de l'orage sur une mer démontée. « S'il suscite la tempête, vous entendrez siffler le vent et rugir les flots » écrit de lui Diderot.

L'œuvre inachevée de Vernet sera poursuivie un quart de siècle plus tard par son élève Jean-François Hue (1751-1823) puis reprise et développée par Louis Garneray (1783-1857), dont on dit qu'il fut un authentique corsaire avant d'être nommé en 1817 peintre du Grand amiral de France, puis plus sagement encore, conservateur du musée de Rouen. Il est le premier d'une lignée de peintres officiels, dont la tradition s'est maintenue depuis lors à travers l'institution des « Peintres de la Marine », qui apparaît en 1830 et s'est perpétuée jusqu'à nos jours. Parmi les peintres dont les œuvres sont reproduites ci-après, on retrouve nombreux les membres de cette guilde prestigieuse : Gudin et Morel-Fatio pour le XIXe siècle, Signac pour le début du XXe, Brenet, Marquet, Herbo et Perraudin dans les années 30-40 et plus proches de nous, Baboulet et Yan.

D'autres parmi les plus grands, comme Bonnard, Boudin, Courbet, Manet ou Seurat accompagneront le lecteur dans ce périple, voile au vent.

Introduction

"A port is a charming dwelling-place for a world-weary soul. The expanse of the skies, the mobile structures of clouds, the changing colours of the sea, the glittering of the lighthouses are a prism splendidly fit to distract the eye without ever tiring it. The sleek outlines of ships with intricate rigging to which the swell imparts a harmonious rocking, help to maintain a taste for rhythm and beauty in the soul. And above all, there is a kind of aristocratic and mysterious pleasure for anyone who has lost any curiosity ar ambition, to contemplate, lying down inside a belvedere or leaning on the pier, all the movements of those who leave and those who return, those who still have the strength to will, the desire to travel and to enrich themselves."

This "short prose poem", one of those Baudelaire wrote from 1857 onwards, admirably depicts the spleen of the stroller "leaning on a pier", who carefully watches the bustle of "those who leave and those who return".

The present book aims to draw Baudelaire's spectator from his reverie and take him on board stopping everywhere from Dunkirk to Ajaccio, guided by the painters and engravers who have immortalized France's ports.

Everything more ou less begins with the Marquess of Marigny, brother to the Marchioness of Pompadour, the King's Building Superintendent, asking

Joseph Vernet, in 1752 – creation year of the Naval Academy – to paint a "report" on the King's Navy, that would extol its merits. Once the itinerary had been settled, between 1754 and 1765 Vernet painted fifteen out of the twenty-four views of French ports commissioned by Marigny. With a luxury of detail, these marvellous paintings testify to the animation of the ports and to daily occupations in the naval dockyards during the age of enlightenment. Verent breaks away with Claude Lorraine's manner, for the idealized harbours of that painter incline to rapture rather than to observation.

Taking chances for the sake of greater realism, Joseph Vernet even asked to be tied to the mast of the ship he had embarked upon, in order to study the effects of a thunderstorm on a wild sea, they say. Diderot, writes of him : "If he arouses the tempest, you will hear the wind blowing and the sea raging."

Vernet's unfinished work was carried on by his pupil, Jean-François Hue (1751-1823), a quarter of a century later, then pursued and developed by Louis Garneray (1783-1857), who is said to have been an authentic corsair before being called, in 1817, to the distinction of painter of France's Chief Admiral, prior to leading a quieter life as curator of Rouen Museum.

Lorient, intérieur du port militaire, dessin et gravure de Louis Lebreton, vers 1850. Lorient, inside the military port, drawing and engraving by Louis Lebreton, c. 1850.

He was thus the first of a line of official painters, a "Painters of the Navy" tradition established in 1830 and still surviving. Among the painters whose works are reproduced here, one finds a great number of that prestigious guild's members : Gudin and Morel-Fation for the 19th century, Signac for the beginning of the 20th century, Brenet, Marquet, Herbo and Perraudin in the thirties, and closer to us, Baboulet and Yan.

Some of the most remarkable artists of the past two centuries, including Bonnard, Boudin, Courbet, Manet and Seurat, will also accompany the reader on the present voyage, as soon as he agrees to set sail.

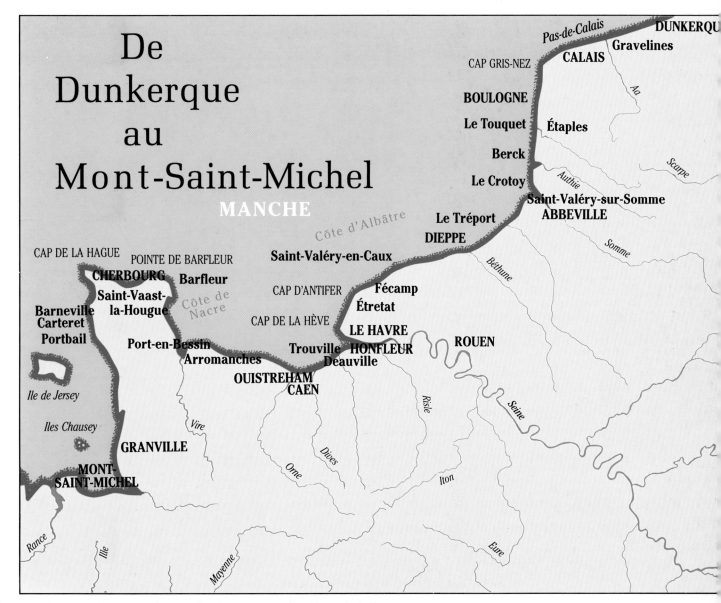

De
Dunkerque
au
Mont-Saint-Michel
MANCHE

Pas-de-Calais
DUNKERQU
Gravelines
CAP GRIS-NEZ
CALAIS
BOULOGNE
Le Touquet
Étaples
Berck
Le Crotoy
Saint-Valéry-sur-Somme
ABBEVILLE
Le Tréport
DIEPPE
Côte d'Albâtre
Saint-Valéry-en-Caux
Béthune
Aa
Scarpe
Authie
Somme

CAP DE LA HAGUE
POINTE DE BARFLEUR
CHERBOURG
Barfleur
Saint-Vaast-
la-Hougue
Côte de
Nacre
CAP D'ANTIFER
Fécamp
Étretat
CAP DE LA HÈVE
LE HAVRE
ROUEN
Barneville
Carteret
Portbail
Port-en-Bessin
Arromanches
Trouville HONFLEUR
Deauville
OUISTREHAM
CAEN

Ile de Jersey
Iles Chausey
GRANVILLE
MONT-
SAINT-MICHEL

Rance
Ille
Vire
Mayenne
Orne
Dives
Iton
Risle
Eure
Seine

André Bouquet : *Paysage de mer sur la Manche. Seascape on the Channel. Collection Jean Hervas.*

Vue de Dunkerque du côté de la mer, dédiée
à Son Altesse Sérénissime Monseigneur le Duc
de Penthièvre, Amiral de France, par Taverne
de Renescure, gravure de Cl. Duflos d'après
un dessin de Royer. *View of Dunkirk from the
sea, dedicated to His Serene Highness, His Grace
the Duke of Penthièvre, Admiral of France,
by Taverne de Renescure, engraving
by Cl. Duflos, after a drawing by Royer.*

DUNKERQUE

Conquise par Turenne en 1658 et rattachée à la France par le traité des Pyrénées en 1659, Dunkerque, en flamand «l'église des dunes», s'identifie dans l'imaginaire national à la figure de Jean Bart (1650-1702), aussi célèbre sur mer que Bayard sur terre. Port de commerce voulu par Colbert, place stratégique dessinée par Vauban, elle suscita de tout temps la convoitise anglaise et subit maints assauts, dont le plus violent demeure la bataille dite de Dunkerque, où, du 29 mai au 4 juin 1940, 230 000 Anglais et 110 000 Français réussirent à échapper à l'étreinte de Hitler, assurant ainsi les bases de la victoire finale.

C'est aujourd'hui le troisième port de France, capable d'accueillir les minéraliers de fort tonnage, c'est aussi le plus grand complexe sidérurgique «sur l'eau», exportateur d'acier et de pétrole raffiné.

Des XVIe et XIXe siècles, l'église Saint-Éloi rappelle que la ville fut fondée au VIIe siècle par ce saint. Le musée Aquariophile possède une belle collection d'aquariums et les maquettes de bateaux enorgueillissent le musée des Beaux-Arts. Symbiose de l'art et de la technologie, le musée d'Art contemporain en béton recouvert de grès blanc et de verre fumé dû à l'architecte Willerval s'élève dans le paysage insolite et grandiose du site portuaire.

Dunkirk (in Flemish the "church of the dunes" is synonymous in the national imagination with the figure of its famous son, corsair Jean Bart (1650-1702).   A trading port developed by Colbert and a strategic strong place designed by Vauban, the town has always seemed a desirable possession to the English and has suffered many an assault.   The most violent of these, the «Battle of Dunkirk», saw from 19 May to 4 June 1940 230 000 English and 110 000 French soldiers escape from the grips of Hitler's Army, thus laying the foundations that led to final victory.

Today, Dunkirk is the third largest French port and it shelters heavy-laden ore carriers. It is also the largest exporting place for steel and refined petroleum products.

Built in the 15th century with parts from the 19th, the church of Saint-Eloi is a reminder that the city was founded in the 7th century by the goldsmith Eloi its patron saint.   The Aquariophile Museum displays a superb collection of aquaria, whilst model ships are the pride of the Fine Arts Museum.   A symbiotic association of art and technology has produced the Museum of Contemporary Art, built in concrete with white sandstone facing and tainted glass by architect Willerval, in the midst of the unconventional but imposing port area.

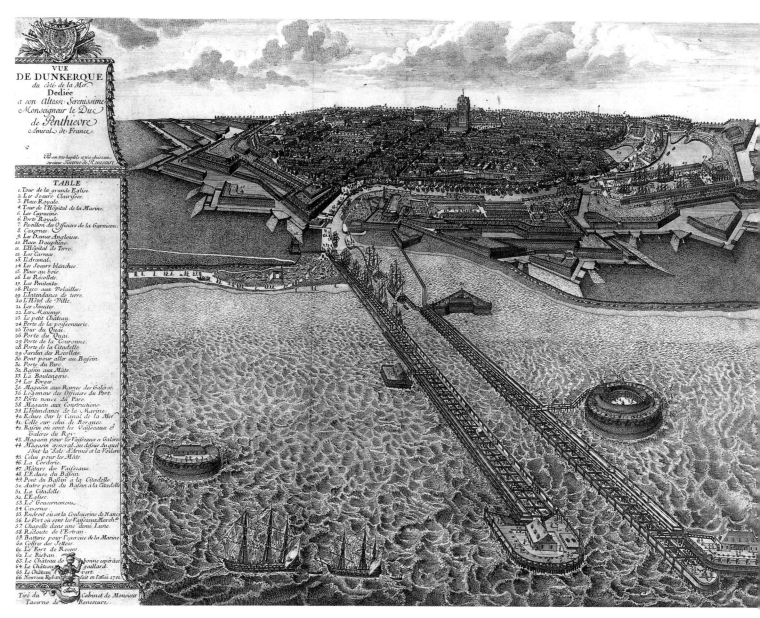

VUE
DE DUNKERQUE
du côté de la Mer.
Dediée
a son Altesse Serenissime
Monseigneur le Duc
de Penthievre
Amiral de France.

Par son tres-humble et tres-obeissant
serviteur Taverne de Renescure.

TABLE

1. Tour de la grande Eglise.
2. Les Sœurs Clairisses.
3. Place Royale.
4. Tour de l'Hôpital de la Marine.
5. Les Capucins.
6. Porte Royale.
7. Pavillon des Officiers de la Garnison.
8. Casernes.
9. Les Dames Angloises.
10. Place Dauphine.
11. L'Hôpital de Terre.
12. Les Carmes.
13. L'Arsenal.
14. Les Sœurs blanches.
15. Place au bois.
16. Les Récollets.
17. Les Penitens.
18. Place aux Volailles.
19. L'Intendance de terre.
20. L'Hôtel de Ville.
21. Les Jesuite.
22. Les Minimes.
23. Le petit Château.
24. Porte de la poissonnerie.
25. Tour du Quai.
26. Porte du Quai.
27. Porte de la Couronne.
28. Porte de la Citadelle.
29. Jardin des Recollets.
30. Pont pour aller au Bassin.
31. Porte du Parc.
32. Bassin aux Mâts.
33. La Boulangerie.
34. Le Forgar.
35. Magazin aux Rames des Galeres.
36. Logement des Officiers du Port.
37. Porte neuve du Parc.
38. Magazin aux Constructions.
39. L'Intendance de la Marine.
40. Ecluse sur le Canal de la Mer.
41. Celle sur celui de Bergues.
42. Bassin où sont les Vaisseaux &
     Galeres du Roy.
43. Magazin pour les Vaisseaux a Galeres.
44. Magazin general au dessus du quel
     sont la Sale d'Armes et la Voilerie.
45. Celui pour les Mâts.
46. La Corderie.
47. Mâture des Vaisseaux.
48. L'Ecluse du Bassin.
49. Pont du Bassin a la Citadelle.
50. Autre pont du Bassin a la Citadelle.
51. La Citadelle.
52. L'Eglise.
53. Le Gouvernement.
54. Caserne.
55. Endroit où est la Couleuvrine de Nancy.
56. Le Port où sont les Vaisseaux Marchⁿ.
57. Chapelle dans une demi Lune.
58. Redoute de l'Estran.
59. Batterie pour l'exercice de la Marine.
60. Coffre des Jettée.
61. Le Fort de Revers.
62. Le Ruban.
63. Le Château de bonne esperance.
64. Le Château gaillard.
65. Le Château vert.
66. Nouveau Ruban fait en l'année 1701.

Tiré du Cabinet de Monsieur
Taverne de Renescure.

17

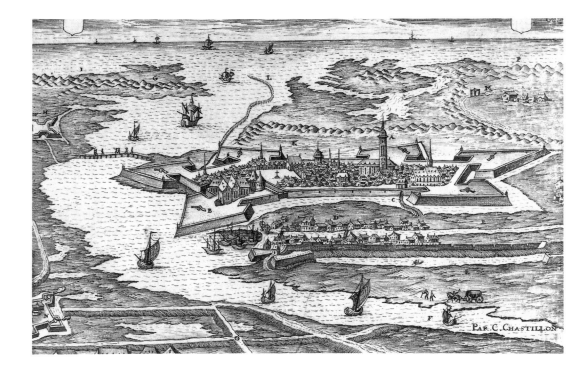

Gravelines, dessin et gravure de Claude Chastillon. Drawing and engraving by Claude Chastillon.

GRAVELINES

C'est au large de Gravelines que l'Invincible Armada, chargée par Philippe II d'Espagne de ramener la Grande-Bretagne dans le giron catholique, subit son premier échec (1588), l'obligeant à affronter les tempêtes de la mer du Nord. Gravelines relevait encore des Flandres espagnoles. Elle ne devint française qu'en 1659, avec le traité des Pyrénées. Cette ancienne place forte, ceinturée par Vauban au XVIIe siècle, a conservé ses remparts, de même que son église du gothique flamboyant. Sous un ciel qui annonce déjà celui des maîtres hollandais, elle eût le don d'attirer Derain, que séduisit son phare, Seurat, Buffet... Ce n'est donc pas sans raison que son musée installé dans la poudrière de l'ancien arsenal abrite l'œuvre gravée complète de Gromaire.

Composant *La mer*, Baudelaire se souvint peut-être que ses parents étaient gravelinois. De fait, ce port de pêche et de commerce, blotti dans l'estuaire d'un petit fleuve côtier, nommé l'Aa, conserve beaucoup de séduction, même si les nécessités modernes lui ont imposé le voisinage d'une centrale nucléaire.

It is off Gravelines that the Invincible Armada, sent by Philip II of Spain to subdue Great Britain and bring it back to the Catholic faith, lost its first battle (1588) and fled by the "outer" route to face the storms of the North sea. Gravelines at the time belonged to Spanish Flanders then. It only became French in 1659, after the signature of the Pyrenean treaty. This ancient stronghold, fortified by Vauban in the 17th century, has kept its ramparts, as well as a flamboyant Gothic church.

Under skies heralding those of the Dutch masters, the town attracted Derain, who liked its lighthouse, Seurat and Buffet... This is one of the reasons why the museum, set near the old dockyard magazine, to shelter the complete engraved work of Gromaire.

When he composed his poem The Sea, Baudelaire may have remembered that his parents were from Gravelines. It cannot be renied that this fishing and trading port, nestled within the estuary of a small river, the Aa, has stayed very attractive, even though modern conditions have forced a nuclear plant into its company.

CALAIS

Immortalisés par Rodin, les *Bourgeois de Calais* hantent encore les mémoires. Leur groupe pitoyable, au pied du beffroi de briques rouges, dénonce deux siècles de «colonisation» anglaise (1347-1558). «Ouvrez mon cœur et vous y trouverez Calais» devait déclarer la reine Marie Tudor. De fait, tête de pont d'abord, port d'accueil depuis, Calais n'a jamais cessé d'attirer les Anglais qui, aujourd'hui, l'envahissent en masse chaque week-end, grâce aux gigantesques véhicules à coussins d'air, dits overcrafts, qui font de la traversée du «Pas» une simple formalité. Que sera-ce, lorsque le tunnel sous la Manche en décuplera le flot ?

Simple village de pêcheurs à l'origine, Calais fut fortifiée par les comtes de Boulogne au XIIIᵉ siècle; la tour du Guet date de cette époque, l'église Notre-Dame des XIVᵉ et XVIᵉ siècles. Un musée de la Guerre a été installé dans un ancien blockhaus allemand de 1941-1943. Premier port passager français, importateur de minerais à l'occasion, Calais travaille toujours dans la dentelle et la bonneterie, dont le musée des Beaux-Arts et de la Dentelle évoque, par des collections d'échantillons et un important matériel de métiers, les heures de gloire.

Immortalized by Rodin, the "Bourgeois of Calais" continue to haunt memories. Their pitiful group, huddled at the foot of the red-brick belfry, denounces two centuries of English "colonization" (1345-1558). "Open my heart and you will find Calais", Mary Tudor is said to have declared after its fall. In fact, bridgehead in her times, gateway to the Continent ever since, Calais has never failed to attract the British and nowadays, they come over in droves each week-end, thanks to huge hovercrafts, moving along on a cushion of compressed air, which reduce the crossing of the "Pas" (the Straits of Dover) to a mere formality. But what will happen once the Tunnel is opened and the stream of visitors will be multiplied by ten?

A mere fishermen's village in the beginning, Calais was fortified by the Counts of Boulogne in the 13th century. The watchtower was built at the time and the church of Notre Dame (Our Lady), between the 14th and

Joseph-William Turner : *La plage de Calais à marée basse: poissards ramassant des appâts. The beach at Calais at low tide: collecting bait.* Bury, Art Gallery, Grande-Bretagne.

the 16th centuries. A war museum has been installed in a German blockhouse, dating from 1941-1943. France's largest port of transit, due to the number of passengers and the occasional importation of ore, Calais has kept its lace- and linen-making activity. The Fine Arts and Lace Museum evokes more glorious times and an important exhibition of looms.

BOULOGNE-SUR-MER

Boulogne – alors Gesoriacum, patrie des Morins – dut à sa situation favorable à l'embouchure de la Liane d'être choisie par César comme base de départ à son invasion de la Grande-Bretagne. Soucieux d'abattre l'inflexible Albion, Napoléon fit le même choix. Mais son projet tourna court après Trafalgar. Quant au futur Napoléon III, il tenta d'y renverser Louis-Philippe lors de l'affaire de Boulogne en 1840, ce qui lui valut l'emprisonnement au fort de Ham. De ces tentatives impériales, Boulogne garde comme un reflet de puissance, avec sa forteresse haut-perchée et son enceinte du XIIIᵉ siècle, ses quais et sa basilique Notre-Dame, centre d'un pèlerinage jadis réputé. Paysages et marines de Boudin ornent le musée des Beaux-Arts. Un enfant du pays, Frédéric Sauvage (1786-1857) y inventa l'hélice, ce qui nous conduit à l'activité essentielle de Boulogne, la grande pêche au chalut et l'industrie du surgelé. De sa gare maritime partent chaque nuit trains de marée et camions frigorifiques vers Paris, Lyon, Strasbourg...

Venant après Calais, Boulogne est le débarcadère tout désigné des Anglais. Chalutiers et car-ferries y entretiennent ainsi un remuement dont le spectacle, vu du Vieux Château, est aussi captivant qu'une leçon de choses.

Édouard Manet : *Clair de lune sur le port de Boulogne,* 1869. *Moonlight on the port of Boulogne.* Paris, musée du Louvre.

Boulogne – then Gesoriacum, home of the Morins – owes to its favourable situation at the mouth of the River Liane the honour of being chosen by Julius Caesar on setting out to invade Britain. Napoleon to bring the inflexible Albion toits knees, took the same decision. But after the battle of Trafalgar, he had to alter his plans. As for the future Napoleon III, after attempting to overthrow king Louis-Philippe in 1840, in what was called the "Boulogne affair", he was imprisoned in the fort of Ham. These imperial endeavours seem to have left in Boulogne a reflection of power that glows upon the 13th century citadel commanding the city and its walls, the quays and the basilica of Notre Dame, object of a pilgrimage once renowned. Boudin's landscapes and marines adorn the Fine Arts Museum. Frédéric Sauvage (1786-1857), who invented the propeller, was born there. This has contributed to the development of Boulogne's main activity, trawlfishing, and hence deep-freezing. Each night, trains and frigorific lorries leave the marine station for Paris, Lyons or Strasburg.

After Calais, Boulogne is the second favourite landing-place of the British. Trawlers and car ferries keep jostling each other and, seen from the Old Castle, they provide a sight as fascinating as a natural science experiment.

LE TOUQUET
ÉTAPLES

Il n'y avait que le moutonnement des dunes. On y planta pins et bouleaux pour les affermir. A la fin du XIXᵉ siècle, Paris-Plage fut adoptée par quelques oisifs – de riches Anglais naturellement. Ils y construisirent d'élégantes résidences et ce fut dès lors Le Touquet - Paris-Plage. Du coup, terrains de courses et de golf, cours de tennis s'y multiplièrent.

Depuis, la station à vocation climatique et balnéaire est devenue l'égale de Deauville. On y vient de loin pour participer à ses manifestations, notamment l'Enduro, épreuve de moto-cross sur grève et dune. Et la plage de sable fin, perle de la Côte d'Opale, fait la joie des adeptes du char à voile.

Dans le giron de la Canche, Étaples, traditionnel port de pêche, s'ouvre à la plaisance. Son musée de la Marine a investi l'ancienne halle aux poissons.

Only the downs used to undulate there. Then it was decided to plant pine and birch-trees in order to fix them. At the end of the 19th century, Paris Plage was adopted by a few people of leisure – wealthy Englishmen, as one might have expected. They built elegant villas and made Paris Plage a center of fashionable residence. Race-courses, golf links and tennis courts suddenly sprang up all around. Since then, the resort, renowned for climato- and balneotherapy, has become the equal of Deauville. Public demonstrations such as the "Enduro", a moto-cross trial on the beach and through the downs, attracts competitors and spectators form afar. And the fine sand beach, "pearl" of the Opal Coast, also gives great joy to sail-charioting adepts.
The Canche River provides refuge for Etaples, a traditional fishing harbour, which is devoting more and more attention to sailing. A Maritime Museum has replaced the old fish-market.

Vue du port d'Abbeville prise du côté de la mer, dessin et gravure de Louis Garneray, vers 1840. Abbeville harbour viewed from the sea, drawing and engraving by Louis Garneray, c. 1840.

ABBEVILLE

Dépendance de l'abbaye de Saint-Riquier puis capitale du Ponthieu, Abbeville obtint sa charte en 1184. Située à l'embouchure de la Somme, là où la marée exerce encore la plénitude de sa force, Abbeville fut un port, où s'entassaient jadis les produits d'une florissante industrie du drap et de la toile, que porta à son faîte Josse Van Robais, l'industrieux hollandais raccolé par l'avisé Colbert.

Puis vint l'inéluctable envasement, qui contraignit Abbeville à recourir aux services de Saint-Valéry-sur-Somme. Cet handicap ne devait nuire en aucune façon à son esprit d'entreprise, dont témoignaient déjà ses plus anciens habitants, à l'heure des grands mammouths. Son nom ne qualifie-t-il pas l'industrie du Paléolithique le plus ancien, dont les bifaces et les «coups de poing» font l'orgueil du musée Boucher de Perthes? On y découvre aussi les gibiers d'eau et les oiseaux de mer et de marais qui habitent la baie de la Somme. A ces charmes de havre déchu, l'invasion de 1940, évoquée au château-musée de Bagatelle, devait porter un coup fatal.

La ville, qui avait été le siège des Conférences d'Abbeville, entre le maréchal Haig et les généraux Wilson et Foch en 1918, fut en partie détruite en 1939-1944. L'église Saint-Wulfram, élevée aux XVᵉ et XVIᵉ siècles, en est encore le témoin muet. Mais Abbeville a su se ressaisir autour d'autres pôles d'activité, adaptés aux temps présents, comme elle avait su le faire en d'autres conjonctures.

A dependency of the Saint-Riquier Abbey, then capital of the Ponthieu, one of the regions of Picardy, Abbeville was granted a charter in

1184. Established on the mouth of the River Somme, where the tide keeps its full force, the port was above all a storage place for a prosperous textile and linen industry, perfecter by a keen Dutchman, Josse Van Robais, brought in by the ever well-informed Colbert.

Then came the inevitable filling up with mud which led Abbeville to ask the help of Valéry-sur-Somme. This set-back did not hinder in the least a bold energetic spirit, already shown by the very first inhabitants when mammoths were still roaming about. Does not the very name of the town qualify and industry of the Lower Paleolithic, the flint bifaces and hand-axes of which are the pride of the Boucher de Perthes Museum? One may also admire there the waterfowl, seabirds and marshbirds living in the bay of Somme. The German invasion of 1940, evoked in the castle-museum of Bagatelle, was to give a fatal blow to that fallen haven, never allowing it to recover its charm. The town had become famous, in 1918, during the Abbeville Conferences, attended by Marshal Haig, General Wilson and General Foch, but was partially razed between 1939 and 1944. The church of Saint Wulfram, built in the 15th and 16th centuries, still bears the scars of this destruction. But Abbeville has managed to revive with other activities, well adapted to the present, as it had already done in other circumstances.

SAINT-VALÉRY-SUR-SOMME

Face à l'immense baie de la Somme, que la marée honore deux fois par jour, Saint-Valéry filtre le passé à travers ses quais moussus, ses ruelles montueuses, ses bateaux dans leurs souilles... Au XVIIIᵉ siècle, on choisit d'y bâtir le plus grand entrepôt de sel du royaume, tellement la pêche y était fructueuse... Son hareng surtout était réputé, que l'on ramassait à pleines caques, soit au «ravoi», à mer basse, soit au «huage» en pleine mer. On y écoulait aussi à pleines coques vers les îles britanniques ou la Norvège force tonneaux de vin...

Eugène Boudin : *Paysage de Saint-Valéry*, 1891. *Landscape at Saint-Valéry.* Orléans, musée des Beaux-Arts.

Les temps sont révolus, où l'estuaire charriait dix fois plus d'eau qu'aujourd'hui. Saint-Valéry n'a désormais d'autre ambition que de se vouloir un lieu de villégiature attachant et tonique, où l'on aime s'attarder et revenir. Et c'est tant mieux, car les temps présents ont grand besoin de tels havres de paix.

Facing the immense bay of the Somme, visited twice a day by the tide, Saint Valéry filters the past through its mossy quays, its steep and narrow winding streets, its boats in their beds... In the 18th century, it was decided to build here the biggest salt-works of the kingdom, so profitable was the fishing...

Herring, above all, was reputed: the rich harvest made with the "ravoi" at low tide or the "huage" at high tide, would fill keg upon keg. But many a shipload of wine casks would also leave for the British Isles or Norway...

The days are long gone by since the estuary swept down ten times the water it does now. Saint Valéry now has no more ambition than to be an attractive and bracing resort, where holidaymakers like to relax and come back for another stay. Which is just as well, for nowadays such restful havens are necessary.

LE TRÉPORT

Le site est fameux, popularisé par l'image, de l'église en contre-haut du port, et des hauts quais léchés par les marées, à l'abri de l'estuaire de la Bresle. On y respire un relent de grand large, de poissons frais, de cambouis... Un vrai port, que l'on aime humer à pleines narines, quand la criée s'éveille... Un port du bout du monde, pour des courses oubliées. Que sait-on en effet des marins du Tréport?

Tout ici regarde la mer et en vit. Les nouveaux aménagements du port devraient relancer une activité qui avait regressé à la fin des années 70. Quant à sa qualité de station balnéaire, Le Tréport la doit à sa proximité de Paris, autant qu'à son climat fortifiant.

The site is famous, popularized by the view of the church dominating the port and

of the high quays licked by the tides, in the shelter of the Bresle River estuary. One already smells there the tang of the open sea, fresh fish and grease. It is a real port, where one likes to take a deep breath when the auctions begin... An end-of-the-world port from where forgotten voyages started out. Here everything faces the sea, which provides a living for everyone. Modernization should revitalize the port, after a slumping activity in the late 1970s. Le Tréport owes its reputation as a seasideresort, as much to being near Paris as to its invigorating climate.

DIEPPE

Déjà, les Vikings, qui l'ont baptisée la Profonde, appréciaient la sûreté de son mouillage. Alors que Le Havre batelait à peine, déjà ses armateurs écumaient les côtes africaines. On assure même que fréquentant les bancs de Terre-Neuve en compagnie des Bretons, ils auraient approché l'Amérique. Les Pinzon, compagnons de Colomb, seraient d'ascendance dieppoise. On ne prête qu'aux riches...

De ces périples fabuleux, comme des expéditions, bien réelles celles-là, du florentin Verrazano au service de l'armateur Jean Ango (1481-1551) ou d'Abraham Duquesne (1610-1688), le château-musée nous parle d'abondance. On y admirera les cartes incomplètes des premiers navigateurs et la collection d'ivoires sculptés, fierté de Dieppe. Les hautes courtines de ce château du XVe siècle portent encore les stigmates du raid-suicide anglo-canadien, repoussé par les Allemands le 18 août 1942.

Port de pêche et port de commerce, Dieppe est le 1er port bananier et le 2e port fruitier de France. C'est aussi l'un des plus importants ports de voyageurs, avec un transit direct pour Newhaven. Et du haut de Notre-Dame du Bon Secours, le ballet des car-ferries, manœuvrant comme à la parade, est un spectacle dont on ne se lasse pas.

The Vikings named it "the deep one", appreciating its safe anchorage. At a time when Le Havre was just taking to boating, Dieppe shipowners were harrying the African coast. It is even claimed that Dieppe men, while sailing the banks of Newfoundland along with the Bretons, came near the shores of America. The Pinzons, companions of Christopher Columbus, might have descended from one of them... But, as a French proverb has it, one only willingly lends to the rich...

Upon these fabled voyages as well as on the very real expeditions of Giovanni da Verrazano, a Florentine in the service of Dieppe shipowner Jean Ango (1481-1551) or of Abraham Duquesne (1610-1685), the castle-museum offers much enlightenment. One will admire there the incomplete maps of the early navigators and a large collection of scrimshawed work, of which Dieppe is particulary proud. The tall outer walls of the 15th century castle bear the marks of the suicidal Anglo-Canadian raid of 18 August 1942, repelled by the Germans.

A fishing and commercial port, Dieppe ranks first, in France, for banana imports and secondly for fruit in general. It also has a large passenger port, with direct transit for Newhaven. And one never gets tired of watching, from the top of the church of Notre-Dame du Bon Secours, the car-ferries manoeuvring as if they were on parade.

Claude-Joseph Vernet : *Vue du port de Dieppe*, 1765.
View of Dieppe harbour.
Paris, musée de la Marine.

*Le port
de Saint-Valéry-en-Caux
vu du côté de la ville,
gravure de Yves Le Gouaz.
The fishing-port
at Saint-Valéry-en-Caux
seen from the town,
engraving by Yves
Le Gouaz.*

SAINT-VALÉRY-EN-CAUX

Un petit port au creux d'une valleuse; un épais cordon de galets entre deux falaises, tel est Saint-Valéry, dont le nom rappelle un disciple du moine irlandais Colomban, Valéry, qui évangélisa au VIIIe siècle le pays de Caux.

La pêche à la morue, les constructions de grosses barques, les fabriques de soude marine en firent les beaux jours, au temps où toutes les maisons étaient à colombages. Il n'en reste plus qu'une aujourd'hui, dite de Henri IV (1540), comme la poule au pot, dans la petite station balnéaire reconstruite autour d'une chapelle de 1963. A huit kilomètres, à Veule-les-Roses, se jette le plus petit fleuve de France, la Veule... née cent mètres en amont dans un abreuvoir. Le spectacle en est champêtre, à l'unisson de cette côté crayeuse, qu'échancrent les fraîches valleuses.

A small harbour in the shelter of a vale, a thick cordon of pebbles between two cliffs, such is Saint-Valéry, named after a Columban who evangelized the land of Caux in the 8th century.

Cod-fishing, the building of heavy smacks, the making of kelp were the occupations of brighter days, at a time when every house was half-timbered. One of these, said to have been erected during the reign of Henry IV (1540), the king who wanted his subjects to eat, boiled hen at least once a week, is still standing in the small resort rebuilt around a chapel built in 1963. Eight kilometers from there, the shortest river in France, the Veule, runs into the sea at Veule-les-Roses. Its source is a hundred meters upstream... This makes a lovely country sight, in harmony with those offered by the chalky coast, slashed from place to place by fesh, low valleys.

FÉCAMP

«J'ai grandi sur les rivages de la mer grise et froide... dans une petite ville de pêche toujours battue par le vent... dont la fumée portait au loin les odeurs fortes des harengs.» Ainsi, Guy de Maupassant se souvient-il du Fécamp de sa jeunesse.

Le «hareng Fescan» en effet, dont Rabelais appréciait la chair, fit la fortune de Fécamp. Ses marins, héritiers des Vikings, n'hésitaient pas à aller le pêcher, dès le IXe siècle, jusque dans les étendues glacées de l'Atlantique Nord, à Terre-Neuve et en Islande. Ils y associaient la morue et le maquereau pour faire littéralement de Fécamp le port du poisson, ou «Fisk Havn». Aujourd'hui, la ville s'est recyclée dans le conditionnement du poisson importé... par voie terrestre.

Mais si les Terre-Neuvas ont appareillé pour l'histoire, un voyage dont on ne revient pas, le musée municipal nous entraîne à leur suite à travers ses ex-voto, maquettes et outils. Et la Bénédictine, concoctée par Dom Bernardo Vincelli qui en redécouvrit les secrets vers 1850, est toujours célébrée dans l'effarant décor kitsch du 110, rue Alexandre-Le-Grand! On n'oubliera pas l'église de la Trinité (XIIe

et XIIIe siècles), pas plus que les vestiges du château des ducs de Normandie (X^e et XIe siècles).

"I grew up on the shores of a cold grey sea.. in a small, windswept fishing-town... the smoke of which carried afar the strong herring smells". Thus Guy de Maupassant remembers the Fécamp of his youth.

The "Fescan herring", much appreciated by Rabelais, is what really made Fécamp. As early as the 9th century, its sailors, descendants of the Vikings, went bodly to look for it in the cold Northern expanses of the Atlantic, around Newfoundland and Iceland. They also brought back cod and mackerel, thus making Fécamp the fishing port par excellence or "Fisk Havn". Today, the town has readapted itself and conditions fish... imported by land.

But if the "Newfoundlanders" of yore have set sail for History, a voyage one does not come back from, the city museum helps the visitor to follow in their wake, thanks to ex-voto offerings, model ships and tools gathered there. As for Bénédictine, the liqueur concocted by a member of that monastic order, Dom Bernardo Vincelli, who discovered its secret about 1850, is celebrated in an astonishing kitsch decor, at 110 rue Alexandre-le-Grand. The 12th and 13th centuries church of La Trinité and the ruins of the 10th and 11th centuries castle of the Dukes of Normandy are not to be missed.

Gustave Courbet : *La falaise d'Étretat après l'orage*, 1870. The Cliff at Étretat after a thunderstorm. Paris, musée du Louvre.

ÉTRETAT

Qui n'a pas en mémoire, à l'égal des monuments d'Égypte, la célèbre aiguille, haute de soixante-dix mètres, et l'arche bercée par les flots ? Par la singularité de son site, œuvre d'un sculpteur nommé nature, Étretat a attiré et attire encore les artistes : Delacroix, Courbet, Monet y ont planté leurs chevalets... et ce n'est pas fini.

Cette aiguille, cette arche, ce furent la dernière carte postale que Nungesser et Coli emportèrent de la France, le 8 mai 1927, avant de disparaître en mer dans leur tentative de raid transatlantique. Un musée le rappelle avec des documents émouvants sur la falaise d'Amont.

Née avec une une aiguille d'argent, si l'on peut dire, Étretat retrouve chaque été le bataillon de ses vacanciers, qui y apprécient la fraîcheur de ses frondaisons, la salubrité de ses eaux et une mer plus artiste que partout ailleurs.

Who does not remember as clearly as the Egyptian monuments the outline of the famous seventy meter high needle, and the arch, lulled by the seas ? Due to the singularity of a site created by a sculptor called Nature, Etretat has attracted and still draws the painters : Delacroix, Courbet and Manet set up their easel in front of it... and they were not the last.

The needle and the arch make up the last postcart view the airmen Nungeser and Coli took from France, on 8 May 1927, when they took off on an Atlantic crossing, later disappearing at sea. A museum, set on the Amont cliff, recalls their fateful attempt with moving documents.

Born, so to speak, with a silver needle, Etratat welcomes each summer a crowd of holidaymakers who appreciate the shade of its trees, its clean waters and a more artistic seashore than is to be found else.

Courbet.

34

Albert Brenet : «*Normandie*»
au Havre, gouache, 1937.
The "Normandie"
at Le Havre.
Paris, musée de la Marine.

LE HAVRE

Eugène Boudin : *Le port*
du Havre; Bassin
de la Barre, 1888.
The port of Le Havre.
La Barre Basin.
Paris, musée d'Orsay.

Il y a loin du port, Le Havre-de-Grâce, créé de toutes pièces par François Ier en 1517, sur un site défavorable, à l'embouchure de la Seine, transformé en port de guerre par Richelieu et Vauban, au complexe portuaire d'aujourd'hui, prolongé par le bassin pétrolier d'Antifer.

C'est l'avènement de la vapeur et le développement économique des États Unis qui devaient lui donner son vrai départ, tandis que le creusement du canal de Tancarville en 1887 (26 kilomètres), facilitait ses relations avec la Haute Seine. Vint alors l'heure glorieuse de la French Line, symbolisée par le paquebot *Normandie,* lancé en 1932.

Reconstruite selon le plan hardi de l'urbaniste Auguste Perret, Le Havre ne cesse de diversifier ses fonctions : métallurgie, construction automobile, raffinage du pétrole, industries alimentaires... Par Le Havre, transitent aussi des voyageurs à destination ou en provenance d'Amérique, d'Afrique, d'Extrême-Orient... Bientôt, un second pont sur l'estuaire renforcera l'emprise du port sur la région Normandie.

Mais plus que la forêt de grues et de mâts, c'est le musée des Beaux-Arts, vaste vaisseau de verre, d'aluminium et d'acier, précédé d'un *Signal* du sculpteur H.-G. Adam, qui sert d'amer au deuxième port de France. On y admire les œuvres de Dufy, natif de la ville, de Boudin... Quant au musée de l'Ancien-Havre, il recèle de nombreuses collections relatives à la vie portuaire et maritime du XVIe au XIXe siècle.

Le Havre has come a long way since the time when it was merely Le-Havre-de-Grâce, an artificially harbour built in 1517 by Francis I on an unfavourable site at the mouth of the River Seine. Made into a stronghold by Richelieu and Vauban, it is now a huge complex, prolonged by the tanker docks of Antifer.

Le Havre really got going with the advent of steam and the economic development of the United States, whilst the opening in 1887 of the Tancarville canal (26 kilometers) improved links with the upper Seine. There followed the glorious days of the French Line, symbolized by the Normandie, an ocean liner launched in 1932.

Rebuilt according to the audacious plans of urbanist Auguste Perret, Le Havre never ceases to diversify its functions : the steel and motor industries, oil refineries, food manufacturing... Travellers pass through Le Havre on their way to and from America, Africa and the Far East... Soon, a second bridge will cross the Seine estuary to strengthen the hold of the port on the Normandy region.

But more than the forest of cranes and masts, it is the Fine Arts Museum, a vast vessel of glass, aluminium and steel preceded by a Signal by sculptor H.G. Adam which serves as a beacon for France's second largest port. Here one may admire there the works of Raoul Dufy, born in the town, and of Boudin, among others... The Old Le Havre Museum, houses a large number of collections relating to the part and sea life in the 16th to the 19th centuries.

ROUEN

«Le Rouennais, monsieur, est insulaire, il est le plus insulaire des Français... Par certains traits, il rappelle l'Anglais... Le Havre, agité par les vents de l'Océan, fait ses affaires à la manière de New-York. Rouen, port intérieur, traite les siennes à la manière de la Cité de Londres.» Fils de patron rouennais, André Maurois était bon juge.

Comment peut-on demeurer insulaire à une heure trente de Paris? C'est la vraie gageure de Rouen, la Rotomagus romaine qui, en dépit de toutes les tragédies de l'histoire, a su conserver un «îlot sacré» où se mêlent les noms de Guillaume le Conquérant, de Jeanne d'Arc qui y fut brûlée vive en 1431, des Corneille – Pierre et Thomas –, de Géricault et de Flaubert qui y sont nés. L'action et la pensée ont en effet toujours irrigué son cœur puissant, à l'instar des marées qui, dans un ultime sursaut, lèchent encore ses quais.

Restauré avec ferveur, le Palais de Justice de Rouen a retrouvé sa splendeur gothique. Ainsi de sa cathédrale, peinte par Monet à toutes les heures du jour et sous toutes les lumières; de ses églises, la gothique Saint-Ouen ou la flamboyante Saint-Maclou; du Gros-Horloge, un pavillon du XVe siècle et de ses musées où l'on peut filmer sans anachronisme les riches heures du passé... Oui, André Maurois a cent fois raison : le quatrième port de France rivalise avantageusement avec la Cité de Londres.

"The Rouennais, sir, is insular; he is the most insular of all Frenchmen... Some peculiarities of his call to mind the Englishman...

Paul Perraudin : *La Seine à Rouen. The Seine at Rouen.*

Le Havre, agitated by the ocean winds, conducts its affairs after the fashion of New York. Rouen, an inland harbour, carries its in the manner of the City of London."

As the son of a Rouennais industrialist, André Maurois could give an authoritative opinion.

But how can a city remain insular when Paris is mere hour and half way? This is a challenge Rouen has taken up. In spite of all the tragedies history stored up for it, the Roman Rotomagus kept a "secret island" and one finds there associated today the names of William the Conqueror, Joan of Arc, burnt in 1431, the Corneille brothers, Pierre and Thomas, Géricault and Flaubert, who were born here. Action and thought have always irrigated Rouen's powerful heart in a pattern very similar to the one the tide follows when, in an ultimate display of energy, it comes swashing against the quays.

Fervently restored, the palais de justice (the court) has recovered its Gothic splendour. The Cathedral, painted by Claude Manet at every hour of the day and in every kind of light has been faithfully repaired too. Among the churches, the classical Gothic Saint Ouen and the flamboyant Gothic Saint Maclou particulary stand out. The Gros-Horloge, a pavillion housing a 15th century clock, is one of the main attractions of the city, as well as the museums where one can "film" without anachronism the rich hours of the past. Yes, André Maurois was one hundred per cent right : the fourth port of France may pretend to pose as a rival to the City of London.

HONFLEUR

Scènes de plage, pimpantes et gaies, paysages délicatement embués, régates, élégantes à l'ombrelle... Eugène Boudin y est né et a su capter la grâce de Honfleur, au temps des premiers bains. Un ensemble de soixante-dix toiles perpétue sa vision en des salles épanouies sur la mer et la ville dans le musée qui porte son nom. Un musée de la Marine est installé au musée du Vieux-Honfleur.

Ici s'est arrêté le bel autrefois, à quelques milles du Havre, qui semblent comme autant de siècles. Car au Moyen Age, Honfleur a joué un rôle commercial avant la fondation du Havre. Et c'est de Honfleur que partit, en 1503, l'explorateur des mers du Sud Paulmier de Gonneville puis, deux siècles plus tard, Samuel Champlain, le fondateur du Québec. L'église Sainte-Catherine (xvᵉ siècle), tout de bois vêtue, la Lieutenance, la ferme Saint-Siméon (un hôtel de luxe désormais) où aimaient à se retrouver les peintres impressionnistes, et la chapelle Notre-Dame de Grâce, submergée d'ex-voto, sont autant d'attraits dans cette petite ville pittoresque, haut lieu du tourisme normand. Qu'adviendra-t-il de ce fragile sanctuaire quand le grand pont enjambera l'estuaire ?

Fernand Herbo :
Honfleur.

Attractive and gay beach scenes, delicate and misty landscapes, elegant women with sunshades, Eugène Boudin, a native of Honfleur, painted them and managed to capture more than anyone else the rare gracefulness of the place, at a time when bathing became all the rage. Seventy paintings of his perpetuate that vision in a museum named after him, the rooms of which afford long vistas on the town or the open sea. Part of Old Honfleur Museum has been devoted to Naval history.

The gay past has thus been brought to a standstill only a few miles from Le Havre and each of the miles that separate the towns could be made to represent one century. For further back, during the Middle Ages, Honfleur played an active shipping role when Havre had yet to be created. From Honfleur, Paulmier de Gonneville went to explore the South Seas for France in 1503, and two centuries later, Samuel Champlain left it to become the founding father of Quebec. The wooden church, Saint Catherine, built in the 15th century, the Lieutenance, the custom-house established in an old castle, the San Simeon farm – now a luxuryous hotel –, where the Impressionists used to paint in the open air and lead a life without constraint, and the Notre Dame de Grace chapel filled with ex-voto offerings, count amongst the many attractions of that picturesque locality, one of the highlights of Norman tourism. But what will happen to that fragile sanctuary, once the projected long bridge will have straddled the estuary ?

D. Addey : *Honfleur*,
aquarelle, 1978.
Watercolour. Collection
Denis Chevalier.

TROUVILLE-SUR-MER

Bien que cela ait l'air d'une gageure, on peut très bien se plaire à Trouville, en ignorant superbement Deauville. Les distractions y sont moins mondaines, les villas plus discrètes, les rues plus serpentines, le casino plus sage, le port, à l'entrée de la Touques, singulièrement odorant. Quant à la mer, point n'est besoin de planches pour la voir, on la domine de partout. Encore que Trouville ait, elle aussi, ses «planches». A dire vrai, ces deux hauts lieux du balnéaire, reliés par le symbolique pont des Belges, sont complémentaires.

Trouville marque cependant un point : elle abrite un musée dans l'une de ses villas les plus sophistiquées, nommée Montebello, où des dessins, des aquarelles, et des peintures du XIXe siècle exaltent la douceur de vivre, quand la duchesse de Berry faisait trempette.

Although it sounds impossible, one be perfectly happy in Trouville whilst superbly ignoring Deauville. The town is less high-stepping, the villas more discreet, the streets more winding, the casino quieter, but the harbour, at the mouth of the Touques River, has a very pleasant smell of its own. As for the sea, there is no need for a broad walk to look at it; one dominates it from everywhere. Trouville, though, has its walk too. In truth, these famous seaside spots, linked by a symbolical "Belgian bridge" happen to be complementary.

Trouville, however, scores a point: it has opened a museum in one of its most residential quarters, the Villa Montebello. There, 19th century drawings, watercolours and paintings show the sweet kind of life the happy few led when the Duchess of Berry came to paddle in the sea.

Pierre Bonnard:
*Trouville. La sortie du port.
Trouville. Sailing
out of the port.*
Paris, musée national
d'Art moderne.

DEAUVILLE

Eugène Boudin : *La jetée de Deauville,* 1869.
Deauville pier.
Paris, musée d'Orsay.

42

Deauville est née d'une idée du prince de Morny, demi-frère de Napoléon III, qui en avait beaucoup, dandy, fêtard, joueur invétéré... Cela commence comme un conte de fées, avec un vrai prince... et quelques banquiers, à l'époque des grands travaux d'Haussmann (1860). Des prairies étaient vacantes. Il y vint, trouva l'endroit propice, traça un champ de courses, fit ouvrir un casino, attira quelques grands chefs, et toute la bonne société l'y suivit.

Deauville, fidèle à l'air du temps, n'a rien perdu de sa séduction. La voile y fait fureur, avec une marina gagnée sur la mer et un port de plaisance. Des festivals s'y produisent, attirant toute une faune d'artistes, rivalisant d'originalité. Les temps changent, l'esprit demeure. Deauville n'est pas près de cesser d'étonner, avec, autour d'elle, ce parfum entêtant d'iode perdu.

Deauville was the brainchild of the Prince of Morny, a half-brother to Napoleon III, an inventive man, a dandy, a nightbird and an inveterate gambler...   Everything began there as in a fairy-tale, with a real prince...   and a number of bankers, at a time when Haussmann was proceeding in Paris with giant public works (1860).   Meadows were tenantless.   The Prince came, saw them, found the place propitious, had a race-course outlined, a casino built, several well-known chefs brought in, and all the beautiful people followed him.

Deauville, ever careful to be "in", has lost nothing of its seduction.   It has a craze for sailing, so a new marina encroaches on the sea.   Festivals attract artists who vie with each other for originality.   Times change, but the spirit remains.   Deauville, which has many surprises in store, keeps trailing after it the heady smell of the sea.

CAEN
OUISTREHAM

Au XIXe siècle, le chenal de l'Orne ne pouvant suffire au trafic de Caen et à sa sidérurgie naissante, il fallut construire une liaison directe avec la mer, par le moyen d'un canal de 14 kilomètres. Ce qui fut fait sous Napoléon III, le bâtisseur.

Du même coup, Ouistreham, dite Riva Bella, au débouché du canal, sortait de son obscurité, avant d'être placée brutalement sous les feux de l'actualité, dans la nuit du 5 au 6 juin 1944, qui vit réussir le plus grand débarquement de tous les temps. Un bataillon français, le Commando n° 4 la libérait, alors qu'à deux kilomètres en amont la Sixième Division aéroportée britannique s'emparait sans coup férir du *Pegasus Bridge*, double pont sur l'Orne et son canal. Quant à Caen, c'est un port saccagé et une ville-martyre que les Anglais libérèrent deux mois après. Reconstruite, restaurée, embellie, Caen assume pleinement son rôle de métropole régionale, sous la tutelle de ses deux abbayes.

C'était en effet la résidence préférée de Guillaume le Conquérant qui y fit élever au XIe siècle un château. Il y fondait l'abbaye aux Hommes, avec sa romane Saint-Pierre, tandis que la reine Mathilde fondait l'abbaye aux Dames, dont l'église de La Trinité est un chef-d'œuvre du roman normand.

In the 19th century, as the Orne River entrance channel capacity became insufficient for the traffic of Caen and the town is budding iron and steel industry, a direct link with the

Vue du port de Caen prise u quai de Vaucelle, dessin et gravure de Louis Garneray. *View of Caen harbour from the quay of Vaucelle, drawing and engraving by Louis Garneray.*

Louis Haffner : *Port des
Yachts à Ouistreham*, 1947.
Yacht harbour
at Ouistreham.
Paris, musée de la Marine.

A century later, at the entrance of that canal, Ouistreham, the so-called *Riva Bella*, sprang from obscurity and was suddenly fell into the limelight, in the night of June 5 to June 6, 1944, as the biggest landing ever planed succeeded. A Franch Battalion, Commando N° 4, freed the country-town, whilst two kilometers inland, the 6th British Airborne Division took Pegasus Bridge, a double bridge over the Orne River and the canal, without the enemy showing the least fight.

As for Caen, two months later, it was a ransacked harbour and a martyred town that the British set free. Rebuilt, restored, embellished, Caen fully assumes the role of a regional metropolis, under the tutelage of two abbeys.

In its time, the town was, as a matter of fact, the favourite residence of William the Conqueror, who erected a castle there. Then he founded a Gentlemen's Abbey, with a Roman church, Saint Peter's, whilst Queen Mathilde, his wife, laid the foundations of the Ladies' Abbey. The church of the Holy Trinity, its church, is a masterpiece of Norman Roman architecture.

sea had to be created by means of a canal, fourteen kilometers long. Cutting took place during the reign of Napoleon III, the builder.

ARROMANCHES-LES-BAINS

Pendant plusieurs semaines, un petit port normand eut les honneurs des bulletins de guerre. C'est là, en effet, au milieu de la zone de débarquement, avant que Cherbourg ne prit le relais, qu'arriva par barges entières, dès l'aube du 6 juin 1944, l'équipement nécessaire à la consolidation de la tête de pont, puis à la percée décisive. Un port artificiel, le *Mulberry*, y fut créé de toutes pièces, dont les vestiges sont désormais digérés par la mer. Le site, il faut le dire, n'était guère propice, mais l'on n'avait pas le choix.

Du même coup, Arromanches, promue haut lieu du tourisme militaire, devait y gagner un musée du Débarquement. Des maquettes animées et commentées, des films d'archives, font comprendre le fonctionnement de la gigantesque entreprise, qui devait changer la face du monde. Face au paysage, désormais si serein, on a peine à croire à la violence d'un tel affrontement.

For several weeks, a small Norman harbour had the honours of war reports. Here, in the middle of the landing zone, before Cherbourg took over, at dawn on June 6, 1944, the equipment necessary to the consolidation of the bridgehead and the decisive breakthrough arrived on board a whole fleet of landing craft. An artificial harbour called Mulberry was created there, the ruins of which are being slowly eaten up by the sea. The site, it must be granted, did not lend itself too well to such an operation, but then, there was hardly any other choice.

Arromanches, consequently, holds the first place for military tourism in the region and has set up a D Day Museum. Animated models, voiced-over commentaries, topical stockshots and newsreels help to understand the unfolding of the gigantic enterprise that changed the face of the earth. When contemplating the landscape, so serene now, one finds it hard to believe a confrontation of such violence ever took place here.

Paul Perraudin : *Le phare de Ouistreham,* gouache, 1939. *The lighthouse at Ouistreham.* Collection particulière.

PORT-EN-BESSIN-HUPPAIN

Qu'est-ce que le Bessin? Un terroir de Normandie, dont le nom provient de la peuplade gauloise des Baiocasses. Bayeux en était la «capitale» et Port-en-Bessin, le débouché maritime. Adonné pendant des siècles à la pêche côtière et au cabotage, Port-en-Bessin enserre désormais deux bassins à flot dans l'étau de ses falaises. S'étageant dans sa valleuse, les maisons «pieds dans l'eau» s'y multiplient comme des berniques. Non loin, l'Aure, rivière mutine, fait la nique à Port-en-Bessin, en diparaissant dans la Fosse de Soucy. Et plus à l'ouest, Grandcamp drague la coquille sur les fonds de la baie des Veys, véritable bras de mer où confluent quatre rivières.

What is the Bessin? A territory of Normandy that owes its name to a Gaulish tribe, that of the Baiocasses. Bayeux was their chief town and Port-en-Bessin the outlet for all seaborne trade. Port-en-Bessin has now two floating docks enclosed in the vice of its cliffs. Clinging one above the other on the "valleuse" slopes, the small dry valley that lies between the cliffs, houses claim to have "their feet in the water" grow as limpets on a rock. Not far from there, the Aure, an unruly stream, turns up its nose at Port-en-Bessin and disappears inside a ditch, the Fosse de Soucy. And further west, Grandcamp dredges for shells on the bottom of the Bay of Veys.

SAINT-VAAST-LA HOUGUE

L'huître y règne, dans les eaux renouvelées, tièdes et peu profondes, qu'elle affec-

tionne. Il faut venir en déglutir la chair fortement iodée dans les restaurants du port, aspectés au sud, que chaperonnent toujours les forts de La Hougue et de Tatihou. On peut y prendre le bateau pour un archipel oublié, coiffé d'un fort de Vauban, les îles Saint-Marcouf, réserve naturelle d'oiseaux de mer...

Ultime avancée du massif armoricain, la côte brille de mille feux, phares, balises et feux fixes. C'est qu'on n'y compte plus les naufrages, dont le plus dramatique fut celui de la *Blanche Nef*, éventrée sur un récif de Barfleur. Enfin à La Hougue même, s'écroula la puissance maritime de Louis XIV: l'escadre de Tourville y fut anéantie par la flotte anglo-hollandaise en 1692. Plusieurs vaisseaux de haut bord, dont le fameux *Soleil Royal*, y brûlèrent à marée basse, compromettant définitivement les chances de rétablissement sur le trône d'Angleterre du roi Jacques II.

The oyster reigns supreme in the free-flowing, warm and shallow waters it likes so

well. Visitors must come and swallow its tangy-flavoured flesh in the harbour restaurants facing South that are chaperoned by the forts of La Hougue and Tatihou. One may take a boat to explore a forgotten archipelago, capped by Vauban with a stronghold : the Saint-Marcouf Islands, a natural reserve for seabirds.

Ultimate advance of the Armorican chain, the coast is all a-glitter, thanks to lighthouses, beacons and fixed lights. Wrecks have truly been innumerable here, one of the most tragic being, as we shall see, the loss of The White Ship, torn open by a bottom rock off Barfleur. Finally, it is at La Hougue that Louis XIV saw his maritime power shattered : Tourville's battleship squadron was destroyed there in 1692 by the Anglo-Dutch fleet. Several men-of-war, including the famous Royal Sun, were burnt out at low tide, thus permanently compromising the chances of James II and his restablishment on the throne of England.

BARFLEUR

Paul Signac : Vue de Barfleur, page de carnet de croquis, crayon rehaussé d'aquarelle. View of Barfleur, sketch-book, pencil heightened with watercolour. Paris, musée de la Marine.

On l'a plutôt oublié, mais les Normands, dès leur installation, en firent leur port privilégié. La conquête de la grande île voisine ne fit qu'affermir cette primauté. Et pourtant, l'endroit était dangereux, farci d'écueils, agité de courants violents. Au début du XIIᵉ siècle, un drame y éclata qui infléchit le destin de Barfleur. La *Blanche Nef,* portant l'héritier du trône Henri Iᵉʳ d'Angleterre, duc de Normandie, et l'élite de la société anglaise, victime d'une erreur de pilotage, s'éventrait sur un chicot, au large du cap de Gatteville, prolongé depuis le XIXᵉ siècle d'un puissant phare, excursion recommandée. La fille du roi épousa le comte d'Anjou, et ce furent les Plantagenêt qui recueillirent l'énorme héritage.

Barfleur, toujours réputée pour ses homards, s'est aujourd'hui, comme tant d'autres,

tournée vers la plaisance où elle réussit avec bonheur.

One has almost forgotten it, but the Norsemen made Barfleur their favourite harbour as soon as they established themselves in the country. And the conquest of the neighbouring big island strengthened that primacy. The surroundings, though, are dangerous, full of hidden rocks, agitated by violent currents. In the beginning of the 12th century, a tragedy that occurred there was fateful for Barfleur. The White Ship, carrying the King of England, Henry I, Duke of Normandy, and the flower of the English society, struck upon a serrated rock and hulled, the victim of a piloting error off Gatteville Cape. The cape is prolonged, since the 19th century by a powerful lighthouse – a *quite recommendable excursion. The king's daughter married the Count of Anjou, the man who put a broom twig on his helmet, and thus the Plantagenet inherited the huge estate.*

Barfleur, renowned now for its lobsters, has followed the example of many harbours and turned also to sailing, an activity in which it is becoming quite successful.

CHERBOURG

Pour bien en saisir le caractère et l'histoire, c'est du fort du Roule, transformé en musée de la Libération qu'il faut voir la ville des «Parapluies», ainsi familièrement surnommée depuis le film de Jacques Demy. En fait, la ville n'a rien d'un décor d'opérette. Née modestement au fond de l'estuaire encaissé de la Divette, Cherbourg s'est élargie aux dimensions d'une vaste rade, que barre à l'horizon une digue fortifiée de 3 700 m de long. Entreprise sous Louis XIV, le plus «marin» de nos rois, pour faire pièce à l'anglais, poursuivie sous Napoléon Ier, l'énorme jetée ne fut parachevée que sous Napoléon III. Œuvre gigantesque, si l'on veut bien considérer les moyens de l'époque.

Prise le 18 juin 1940 par les Allemands, Cherbourg devint une pièce maîtresse du «mur

Paul Signac: *Cherbourg,* crayon et aquarelle sur papier, 18 juillet 1932. Pencil and watercolour on paper. Saint-Tropez, musée de l'Annonciade.

Antoine-Léon Morel-Fatio:
*La Reine Victoria
à Cherbourg, 3 août 1858.*
Queen Victoria
at Cherbourg, 3 August
1858. Paris, musée
de la Marine.

de l'Atlantique» et fut l'enjeu en 1944 des opérations alliées aéroportées. La ville fut libérée le 27 juin 1944.

Port de commerce, port militaire, port de voyageurs, arsenal d'où furent lancés le sous-marin nucléaire le *Redoutable* et les fameuses vedettes, Cherbourg est tout cela à la fois. Désormais, là où pavoisaient les grands transatlantiques, patrouillent de corpulents pachydermes à propulsion nucléaire.

In order to catch a glimpse of the character and history of the "Umbrellas" city, thus called since Jacques Demy's film "Les Parapluies de Cherbourg", one has to climb to the Le Roule fort, turned into a Liberation Museum. The town, though, has nothing of an operetta setting. Modestly born at the bottom of the deeply embanked Divette estuary, Cherbourg has been enlarged to the dimensions of a wide roadstead, barred on the horizon by a fortified breakwater, 3 700 meters long, undertaken under the reign of Louis XVI, the most "navally" inclined of the French kings, to prevent the coming of the English, and continued under Napoleon I, the immense pier could only be completed under Napoleon III. A considerable piece of work, if one thinks of the means of the time.

Cherbourg fell into the hands of the Germans on June 18, 1940, became one of the main defense pieces of the "Atlantic Wall" and was the aim, in 1944, of allied bombing raids. The town was freed on June 27, 1944.

An outlet for the shipping industry, a military base, a transit port and a naval yard where was the nuclear submarine Le Redoutable launched, Cherbourg is all that at the same time.

BARNEVILLE
CARTERET
PORTBAIL

Deux ports, trois plages, dont l'une démesurée de 7 kilomètres, bordée de «mielles», le nom local pour les dunes, forment un ensemble naturel, remarquablement préservé, de part et d'autre de l'estuaire de la Gerfleur. Un séjour idéal, pour qui aime se mesurer aux courants et aux vents, dans les parages difficiles du golfe anglo-normand.

Le principal attrait de Carteret réside, en effet, dans sa proximité des îles anglo-normandes, invariablement fidèles à Sa Majesté Britannique, mais dotées d'une large autonomie. Des navettes d'hydroglisseurs mettent Jersey, dont la côte frange l'horizon, à une petite demi-heure. Le Commonwealth, à portée de jumelle, on croit rêver. Paradis fiscal, villégiature très prisée, Jersey, Guernesey et leurs satellites retiennent sous leur charme maints sujets britanniques des antipodes, retirés des affaires et férus de voile. Avec la plaisance, un atout que Carteret tient bien en main.

Two parts, three beaches, one of which, seven kilometers long, is bounded by "mielles", the local name for the dunes, form a remarkably preserved natural ensemble on each side of the Gerfleur River estuary. It offers an ideal vacation place for those who like to meet the challenge of currents and winds, in the treacherous parts of the Anglo-Norman gulf.

The main attraction of Carteret resides in the proximity of the Channel Islands, unshakably faithful to Her Majesty the Queen, but which have been granted, in turn, considerable autonomy. In about half-an-hour's run, hovercraft convey travellers over to Jersey, the coast of which fringes the horizon. Part of the Commonwealth brought into focus by mere field-glasses seems a dream. Tax havens and very prized resorts, Jersey, Guernesey and their satellites durably charm British subjects who like sailing and choose to retire here after a life spent in the antipodes. And sailing is precisely Carteret's trump card.

LES ILES CHAUSEY

Gargantua ensemençait son champ quand, d'un geste trop ample, il éparpilla une poignée de grains dans la mer. Ainsi serait né l'archipel des Chausey, car c'est bien d'un archipel qu'il s'agit : plus de trois cents îlots, récifs, chicots, hauts-fonds... à marée basse; une vingtaine d'îles dignes de ce nom à marée haute, dont l'une, la maîtresse, possède un mouillage sûr en eau profonde, une chapelle, une école, quelques maisons de pêcheurs, un fort qui appartint au constructeur Renault... Et tout cela, à une demi-heure de Granville, dont dépendent les Chausey. On y pêche à satiété le homard, la crevette, l'ormeau, le crabe... mais que vents et marées se déchaînent, l'archipel se referme comme un piège sur les imprudents, telle la *Mary Deare*, dont on a fait un film avec Burt Lancaster.

Gargantua was sowing his field, one day, when making too ample a gesture, he scattered a fistful of seeds into the sea. Thus would have been born the Chausey archipelago, for at low tide, one is really in presence of an archipelago, which has more than three hundred islets, ledges, rocks or shoals. At high tide, it is but a cluster of twenty islands worthy of that name, one of which, the most important one, has a secure moorage in deep water, a chapel, a school, some fishermen's houses, a fort that belonged to car constructor Louis Renault... And all that half an hour from Granville, from which the Chauseys depend. One catches there lobster, shrimp, abalone, crab, and so on... but when the winds and the tides rage, the archipelago can trap careless navigators, as happened in the case of the Mary Deare, whose story was told in a film starring Burt Lancaster.

GRANVILLE

Granville partage avec Carteret le privilège d'être l'embarcadère pour un autre archipel, les Chausey, seules îles demeurées françaises de l'archipel anglo-normand, lesquelles comptent plus de 300 îlots, véritable continent émergé, que le flot réduit à cinquante.

Un Monaco normand : tel apparaît Granville, patrie de Maurice Denis, du haut de la propriété de Christian Dior, aménagée en jardin public d'où l'on jouit, par temps clair, d'une vue idéale sur le Mont-Saint-Michel. Son site, le fameux «Roc», son port, associant le commerce à la pêche et à la plaisance, en plein essor, son casino, sa plage, son climat tonique et sain, lui en donnent le droit. Mais un Monaco encore austère et farouche, qui ne renie pas son passé corsaire, dont la haute ville, à l'abri de ses fortifications du XVIIIe siècle, à l'instar du Saint-Malo intra muros, perpétue le souvenir. Le musée du Vieux-Granville y est installé, qui présente nombre de documents sur la guerre de course, tableaux et maquettes. Le musée Océanographique, avec son aquarium, abrite aussi le musée-féerie du Coquillage.

Granville shares with Carteret the privilege of being an embarking place for another group, the Chausey Islands, the only one to have remained French in a cluster of more than 300 islands and islets. They seem to be quite a continent when emerged, but at high tide, their number is reduced to a mere fifty.

A Norman Monaco, this is how Maurice Denis's native town looks, when one sees it from the grounds of Christian Dior's – now a public park. The townsite, the "rock", the harbour with its shipping, fishing and sailing

Granville, vue des bains et du port, dessin et lithographie de Charles Mercereau, vers 1850.
Granville, view of the baths and of the harbour, drawing and lithography by Charles Mercereau, c. 1850.

activities, the casino, the beach, an invigorating and healthy climate, everything helps to produce that illusion. But one has, at best, under the eyes a stern and unyielding Monaco that refuses to forget its corsair past, the memory of which is perpetuated by the upper part of the town, retrenched behind 18th century fortifications, as Saint Malo intra muros. The Museum of Old Granville has been set up there; it presents a number of enlightening documents upon the privateer wars, including paintings and models. The oceanographic museum with its aquarium encloses a magic Shell Museum.

LE MONT-SAINT-MICHEL

Ce n'est pas un port. Mais il occupe une place si éminente – au sens propre du terme – dans la baie qui porte son nom, qu'on ne saurait le passer sous silence.

L'abbaye bénédictine, dont les principales constructions datent des XIIe et XIIIe siècles et dont la flèche culmine à 152 mètres, fut élevée sur le lieu d'un très ancien pèlerinage à saint Michel (VIIIe siècle). Ilot rocheux haut de 78 mètres, il était au péril de la mer au temps où la marée puissante et triomphante l'étreignait deux fois par jour. Les hommes, soucieux de gagner sur la mer, l'ont mis en péril de terre. Les herbus, comme on dit, d'où les prés-salés tirent la saveur de leur chair, l'investissent, en effet, de plus en plus près. Un projet gouvernemental entend aujourd'hui lui restituer son caractère insulaire. Il faudrait pour cela sectionner le cordon ombilical le reliant au continent...

Quoi qu'il advienne, le mont subjugue son visiteur, à l'instar des pyramides. L'UNESCO l'a d'ailleurs rangé dans le patrimoine imprescriptible de l'humanité. Un musée Historial et un musée Historique retracent l'histoire de la « Merveille de l'Occident ». Quant au musée de la Mer, riche de 280 maquettes anciennes de bateaux – pêche et guerre –, il en détient quelques-unes de la célèbre collection de l'*America Cup*. Nouveauté impressionnante, les jours d'été, la flèche de l'abbaye indique l'heure, au moyen de chiffres romains, plantés dans le sable.

It is no harbour, but an island that has literally tacken such an eminent place in the bay of the same name that one would not wish to bypass it without a comment.

The Benedictine abbey, the main building of which dates from the 12th and 13th centuries, with a spire soaring up to 152 meters, was erected on the site of a very ancient pilgrimage to Saint Michael (8th century). The rocky island, 78 meters high itself, was put in jeopardy by a powerful and triumphant tide, that shut it in twice a day. Men, anxious to gain on the sea, have imperilled it on the land side. The salt-meadows to which mutton owes its flavour, are enclosing it more and more. A government plan is considering restitution of its insular character. This implies cutting the umbilical cord that connects it to the Continent.

Whatever comes of this, the Mount subjugates visitors as much as Egypt's pyramids do. UNESCO holds it as a part of the imprescriptible patrimony of Humanity. A Historial and a Historical Museum retrace the story of that "Wonder of the Occident". The Sea Museum is rich of 280 models – fishing-boats and warships – and even keeps some of the famous America Cup collection.

Luc Vieillard

De
Cancale

à Nantes
Saint-Nazaire

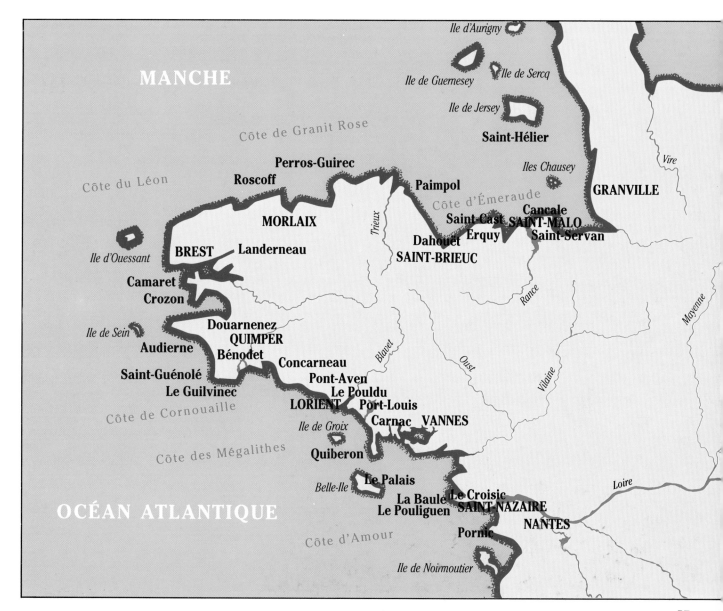

MANCHE

OCÉAN ATLANTIQUE

Ile d'Aurigny

Ile de Guernesey *Ile de Sercq*

Ile de Jersey

Saint-Hélier

Iles Chausey *Vire*

Perros-Guirec

Côte de Granit Rose

Côte du Léon **Roscoff** **Paimpol**

GRANVILLE

Côte d'Émeraude **Cancale**

MORLAIX **Saint-Cast** **SAINT-MALO**

Trieux **Erquy** **Saint-Servan**

Ile d'Ouessant **BREST** **Landerneau** **Dahouët**

SAINT-BRIEUC

Camaret

Crozon *Rance*

Mayenne

Ile de Sein **Douarnenez** *Blavet* *Oust*

QUIMPER

Audierne **Bénodet** *Vilaine*

Saint-Guénolé **Concarneau**

Pont-Aven

Le Guilvinec **Le Pouldu**

Côte de Cornouaille **LORIENT** **Port-Louis**

Carnac **VANNES**

Ile de Groix

Côte des Mégalithes *Loire*

Quiberon

Belle-Ile **Le Palais** **Le Croisic**

La Baule **SAINT-NAZAIRE**

Le Pouliguen **NANTES**

Côte d'Amour **Pornic**

Ile de Noirmoutier

CANCALE

Encore un rocher, d'où partirent de hardis navigateurs. Entre les deux, au fond d'une baie que grignotent les polders, la foi des hommes a dressé le Mont-Saint-Michel. On l'aperçoit de Carolles, pour ne plus quitter son envoûtante présence jusqu'à Cancale, tantôt en conjonction, tantôt en opposition, avec son satellite, Tombelaine. Et selon les heures, sa flèche porte son ombre sur les grèves, comme le stylet d'un cadran solaire.

Au siècle dernier, Cancale armait encore, à la « bisquine ». Une association s'est attachée à en reconstruire un exemplaire, sur les quais même du port. Quant à la cancale, l'huître plate et ronde, que seule connaissaient nos ancêtres, elle se consomme naturellement à la cancalaise, avec des queues de crevettes, relevée d'une sauce normande, alors que nous sommes en Bretagne. La bonne cuisine, n'est-ce pas, ignore les frontières.

Cancale, port de la Houle, dessin et lithographie de Deroy, vers 1860. Cancale, port of La Houle, drawing and engraving by Deroy, c. 1860.

Here is another famous rock which many bold navigators left behind in order to explore the world. Between the two of them, at the bottom of the bay slowly reclaimed by polders,

men's faith has erected Mont Saint Michel's abbey. One first lays eyes on it in Carolles and remains under its spell up to Cancale, either in conjunction or in opposition with its satellite, Tombelaine. Depending on the hour, the shadow of the spire falls on a different part of the flats as that of a sundial gnomon.

In the last century, Cancale still commissioned bisquines, three-masted coasters. An association has decided to build one on the quays. As for the Cancale oyster, of the flat and round type which was the only one our ancestors knew, it is eaten à la Cancalaise, that is to say served with shrimps or in a Norman sauce, even though it is already Brittany there. However, good cooking, as everyone knows, ignores boundaries.

Saint-Malo —

SAINT-MALO

«Le rêve de tout Canadien, c'est de voir Saint-Malo», déclarait l'honorable Hector Fabre, Commissaire général du Canada à Paris, le 23 juillet 1905, lors des fêtes franco-canadiennes qui marquèrent l'érection, sur le bastion de la Hollande, de la statue de Jacques Cartier : «Chaque Québecois, ajouta-t-il, veut y retrouver ses ancêtres».

Saint-Maclou – ou Malo – un moine gallois venu évangéliser à Anet (aujourd'hui Saint-Servan) au début du VIIe siècle, a donné son nom à la cité. D'Anet, l'évêché passa à Saint-Malo au XIe siècle, et la cathédrale Saint-Vincent (XIIe au XVIIIe siècle) en est le témoin.

En 1435, un simple pilote, nommé Jacques Cartier, fait valoir les droits du roi François Ier sur les rives du Saint-Laurent. Où est-il né ? A Saint-Malo, bien sûr, mais dans quelle rue ? Car ici, le moindre mètre carré compte. Toutes les rues de la ville le revendiquent. En revanche, sa maison des champs, près de Paramé, au joli nom de Limoëlow, semble attendre qu'il en frappe l'huis. Rare bonheur, dont nous sommes redevables à un mécène... anglo-canadien !

Cités à la barre de l'histoire, les enfants de Saint-Malo sont tous présents à la Galerie Quic-en-Groigne, musée de cire qui n'a pas son pareil. Chateaubriand est l'un d'eux, dont l'îlot du Grand-Bé porte le tombeau.

Cité corsaire de Duguay-Trouin et de Surcouf, port de guerre sous l'Empire, port de pêche au XIXe siècle vers Terre-Neuve, ville d'art dont les remparts, élevés du XIIe au

XIVᵉ siècles protègent les trésors et dont le château du XVᵉ siècle présente l'histoire, Saint-Malo a fait une bonne affaire en enterrant sa hache d'abordage.

'Every Canadian dreams of seeing Saint-Malo' declared the Hon. Hector Fabre, High Commissioner for Canada in Paris, on July 23, 1905, during the French-Canadian celebration accompanying the uncovering, on the Holland Bastion, of Jacques Cartier's statue. And the Commissioner added : "Each Quebecer wishes to find the traces of the passage of his ancestors there."

Saint Maclou – or Malo –, a Welsh monk had come to evangelize Anet (Saint-Servan to-day), in the beginning of the 7th century, gave his name to the city. From Anet, where he would have been bishop, the bishopric was transferred to Saint-Malo, in the 11th century, and Saint Vincent's Cathedral (12th to 18th centuries) is a result of that development.

In 1435, a mere pilot, Jacques Cartier, claimed King Francis I's rights to the banks

LES ILES ANGLO-NORMANDES

Les ferries s'élancent à l'assaut de la mer, toute l'année et par tous les temps, à destination des îles britanniques de l'archipel anglo-normand, paradis fiscal et non moins poétique, gastronomique aussi, bien connu des amateurs de homard.
A 20 kilomètres des côtes françaises, la plus méridionale et la plus grande des îles anglo-normandes, Jersey, fut jadis rattachée au continent, c'est-à-dire à la France, dont elle se sépara au VIIIᵉ siècle. Saint-Hélier en est la capitale. Les îles d'Aurigny et de Sercq dépendent du bailliage de Guernesey, la plus occidentale des îles.
Victor Hugo les aima qui, proscrit de France, vécut d'abord à Jersey où il s'installa en 1852, puis à Guernesey (1855-1870) où il a son musée : Hauteville House.
Vivant de cultures maraîchères, fruitières et florales, et du tourisme, les îles font la joie des plaisanciers qui découvrent toujours de nouvelles criques.

THE CHANNEL ISLANDS

Launches leap upon the sea all the year round and in every kind of weather to reach the British isles of the Anglo-Norman archipelago – or Channel Islands. They form a tax haven, but also – and there is more poetry in that – a gastronomical one, well known to lobster connoisseurs. About twenty kilometers (eleven knots) from ghe French Coast, Jersey Island, the bigger and the southerner of them all, was one linked up to the Continent and only got separated from France in the 8th century. St-Hélier remains its capital. Alderney (Aurigny) and Serck depend from the bailiwick of Guernsey, which lies farther at west.
Victor Hugo loved them and, as an exile, he first went to Jersey, in 1852, then settled in Guernsey (1855-1870), where he has a museum : Hauteville House.
Living of market gardening, fruit farming flowers, as well as of tourism, the islands delight the owners of sailing crafts who keep discovering new creeks around them.

of the Saint Lawrence. Where was Cartier born? At Saint Malo, of course, but in what street? There, the last square meter has its importance. And every single street in town claims to have been his birthplace. However, near Paramé, his country-house bearing the lovely name of Limoëlow, seems to be waiting for his knock at the door. A rare moment of happiness one owes to... an Anglo-Canadian donor!

Called to the bar as witnesses for History, Saint-Malo's children are assembled in the Quic-en-Groigne gallery, a matchless wax mu-seum, in France. Chateaubriand is of that gathering because his last resting-place lies on the islet of the Grand-Bé.

Home of famous French corsairs such as Duguay-Trouin and Surcouf, naval station un-der Napoleon, fishing-harbour for the "ban-kers", in the 19th century, art-loving town, the treasures of which are protected by ramparts built between the 12th and the 14th centuries, while a 15th century castle preserves its his-tory, Saint-Malo did a very good deed the day it buried the boarding axe.

SAINT-SERVAN-SUR-MER

Vue du port de Solidor, dessin et gravure de Louis Garneray, 1823. View of the harbour at Solidor, drawing and engraving by Louis Garneray, 1823.

En 1815, les corsaires désarment; un par un, les Terre-Neuvas vont les remplacer. Ils étaient hier encore, côte à côte, dans les bassins ocellés d'huile, embaumant le cordage neuf et la saumure, prêts à lever l'ancre pour les bancs de morue.

Leur épopée est racontée au musée international du Long-Cours cap-hornier, sous les voûtes de la tour Solidor, solide ouvrage guer-rier du XIVe siècle. Sous l'antique corniche d'Alet, où l'on a retrouvé les vestiges de plusieurs civilisations, tournées vers la mer, le commandant Charcot appareilla en mission scientifique pour le Grand Nord, dont il ne revint pas. Soucieuse de préserver ses traditions, Saint-Servan, rattachée à Saint-Malo, sur l'estuaire de la Rance, s'est pourvue d'un bassin de plaisance à flot, dans l'anse des Sablons, doté de toutes les commodités.

In 1815, corsair ships were laid up one by one; the "bankers", manned by the cod-fishers of Newfoundland took their place. Not so long ago, they still could be seen, side by side, in the docks ocellated with oil, fragrant with new rope and brine, ready to weigh anchor. Their epic story is told in the International Cape-Horn Merchantmen Museum, under the vaults of the Solidor tower, a defence-work of the 14th century. Under the ancient overhanging rocks of Anet, where artefacts of several sea-board civilizations have been brought to light, Commander Charcot left harbour for another scientific mission in the Northern regions, from which he did not come back. Desirous of maintaining a number of its traditions, Saint-Servan, linked with Saint-Malo, has fitted out a floating dock for sailing-boats with every modern facility, in a sandy cove of the Rance River estuary, the Anse des Sablons.

SAINT-CAST
LE GUILDO

Jacques Brel l'a célébrée dans une de ses chansons. Et les Tuniques Rouges y ont reçu en 1758 une telle déculottée qu'ils n'y reviennent qu'en pantalons de golf. Dotée d'une modeste cale où accostaient les vedettes de Dinard, Saint-Cast s'est offert un mouillage de première main, entre la pointe de l'Isle et le rocher Bec Rond. C'est désormais un haut lieu de la voile, mais la pêche à la praire y retient déjà quelques chalutiers.

Partie intégrante de Saint-Cast, le petit port du Guildo accueille encore, à l'heure du flot, un caboteur chargé de bois... norvégien. Commandant l'estuaire de l'Arguenon, le château-fort, repaire de Gilles de Bretagne, coureur de guilledou et prince infortuné, retrouve créneaux et meurtrières grâce à un chantier de jeunes bénévoles.

Jacques Brel celebrated it with a song. And the Redcoats had such a humiliating defeat there that one understands why their descendants only come disguised as golfers. Saint-Cast had only a modest berth for the Dinard packet boat; it benefits nowadays from a first-class anchorage between the point of the Isle and the Bec Rond rock. It has become a well-known place for boats of pleasure, but clam-fishing has brought in also a number of trawlers.

The small harbour of Le Guildo forms part and parcel of Saint-Cast. At high tide, it still welcomes a coaster bringing a cargo of... Norwegian wood. Towering over the Arguenon River estuary, the Castle, favourite haunt of Giles of Brittany, a man always in quest of adventures and an unfortunate prince at that, is recovering its crenellation and loopholes, thanks to the young volunteers of a restoration team.

Jacques Noury : *Le port d'Erquy*, aquarelle. *Erquy, the harbour*, watercolour.

ERQUY

Erquy, c'est un nez, que dis-je, un cap, presque une péninsule, en grès rose, dont les éboulis et les falaises dominent un havre, déjà fréquenté par les Romains. Le premier bassin à marée ne suffisant plus, on en a construit un deuxième, protégé par une jetée. Une flotille de chalutiers y arme pour les bancs de Saint-Jacques et de praires et pour les rochers à moules, vestiges d'une ancienne avancée du continent, qui ponctuent la baie de Saint-Brieuc. La criée, où sont mis aux enchères, devant un public de mareyeurs, les lots de coquillages ramenés des entrailles de la mer, est la seule autorisée entre Saint-Malo et Saint-Brieuc, au grand dépit de sa rivale Saint-Cast.

Erquy is a cape, almost a rose sandstone peninsula, the screes and cliffs of which dominate a haven already well-known in Roman times. The first tidal basin being insufficient, a second one has been built and protected by a dyke. A fleet of trawlers is manned for the scallop and clam banks, as well as for the mussel rocks, which punctuate Saint-Brieux Bay. The market where shellfish hardly brought in from the sea gets auctioned off by the gross to wholesalers is the only authorized one between Saint Malo and Saint-Brieuc, much envied by rival Saint-Cast.

SAINT-BRIEUC
LE LÉGUÉ

Saint-Brieuc, un port? Allons donc, à la voir, forte fille des temps héroïques, corsetée de remparts, sur son promontoire, on ne le croirait pas. Un monastère, fondé au VIe siècle par un moine gallois, saint Brieuc, lui donne naissance. Siège d'évêché – la construction de la cathédrale débuta au XIIIe siècle –, des États de Bretagne entre 1602 et 1768, puis préfecture, la cité briochine, qui compte parmi les siens Villiers de L'Isle-Adam, ne fut, jusqu'à l'irruption du chemin de fer, qu'un gros bourg bien tranquille.

Quant à son port, ce n'est qu'au bout d'une route sinueuse de quatre kilomètres qu'on y parvient. Et côté mer, il faut le puissant coup de rein de la marée pour y entrer. Ce port, appelé Le Légué, tient à la fois du canal et de la vallée industrieuse, coincé qu'il est dans la saignée que le Gouët et le Couédic ont entaillée dans le schiste armoricain. Le Légué doit au développement de l'industrie briochine : joints, appareils de chauffage, ventilation, brosses et pinceaux... d'éviter une retraite dorée sous le seul pavillon... de plaisance. Un musée d'Histoire est consacré à l'ethnographie maritime et à la pêche.

Saint-Brieuc, a harbour? One would never belive it when one discovers this strong daughter of more heroic times, rigidly corseted in its ramparts and set up a promontary. Originally, it was a monastery founded in the 6th century by a Welsh monk, Saint Brieuc. Bishopric of the Breton States, between !602 and 1768 – the cathedral construction began in the 13th century –, then prefecture, the «Briochine» city, that counts among its sons writer Villiers de l'Isle-Adam, was only a big market-town until the coming of the railway.

Jean-Pierre Le Bras :
Le port de Dahouët.
Dahouët, the harbour.

As for the harbour, it can only be reached after four kilometers of a long, winding road. And boats coming from the sea must wait for the solid pushing of the tide before entering it. This harbour, Le Légué, looks both like a canal and an industrious valley, for it is squeezed in the gash made by the Gouët and the Couedic Rivers in the Armorican schist. A History Museum is devoted to maritime ethnography and fishing.

PAIMPOL

A Paimpol, le pêcheur Yann aime une jeune fille, Gaud, mais il n'ose se déclarer que lorsque le père de celle-ci sera ruiné. Huit jours après le mariage, il s'embarque pour l'Islande, d'où il ne reviendra pas. Le musée de la Mer retrace la dure vie des pêcheurs à la morue, popularisés par le *Pêcheur d'Islande* de Pierre Loti (1886). De la falaise de Guilben, les Paimpolaises guettaient, le cœur gonflé, le retour de leurs hommes. On y découvre, émerveillé, un prodigieux semis d'îlots et de rochers où le jusant dénude des grèves immenses. Paimpol

La pêche d'Islande.
A Paimpol : bénédiction des
goélettes avant leur départ,
gravure de A. Bellenger
d'après les croquis
de M. Faudacq. *Iceland
Fishing. In Paimpol :
Blessing of Schooners
before their leaving,
engraving by A. Bellenger
after sketches
by M. Faudacq.*

s'est reconvertie dans la pêche côtière et l'ostréiculture et dans la plaisance qu'enchante le dédale des chenaux et la multiplicité des mouillages. L'École nationale de la marine marchande initie les jeunes aux métiers de la mer.

At Paimpol, Yann, the fisherman, has fallen is love with Gaud, a young girl, but he will only declare himself when her father has been ruined. A week after the marriage, Yann embarks for Iceland, but never to return. The Sea Museum traces back the hard life the bankers led, as it was revealed to the French public in Pierre Loti's novel, Pêcheur d'Islande *(1886). On the Guilben cliff, Paimpol women used to wait, with a heavy heart, for the men's return. One marvels now at the prodigious self-sown seedlings of islands and rocks whenever the ebb stream uncovers imense stretches of beach. Paimpol underwent a reconversion in coastal fishing and oyster culture, as well as in sailing, for sailboats are enchanted with the maze of channels, the multiplicity of moorages. The National School of Merchant Marine initiates young men in modern sea trades.*

MORLAIX

« S'ils te mordent, mords-les. » Qui, ils ? Les Anglais, bien sûr, dont les corsaires morlaisiens malmenaient le commerce. Au fond de l'estuaire du Dossen, ou rivière de Morlaix, au chenal difficile, denté d'écueils, le repaire était de ceux que l'on n'attaque pas impunément. D'autant qu'à l'entrée de la rivière, Vauban, toujours lui, avait fait édifier un fort, le château du Taureau, aussi redoutable qu'une galiote à bombes.

Aujourd'hui, Morlaix n'a plus que les voiles des plaisanciers pour évoquer frégates et felouques qui, au temps de la Compagnie des Indes, en faisaient la rivale de Saint-Malo et même de Nantes, tandis que la manufacture des tabacs fondée par Colbert assurait la fortune sur terre. De quoi fleurir les quais de jolis gréements, les jours de marché, en cheminant le long des maisons anciennes de la Grand-Rue, en rêvant devant celle de la

duchesse Anne et en admirant les peintures de marine du musée des Jacobins.

« If they bite you, bite them! » (Morlaix = mords-les = bite them). The British, of course, for the Morlaisien corsairs roughly handled their shipping. The privateers' retreat, established at the bottom of the Dossen or Morlaix River estuary, with its stern and rockbound channel, was such that no one could attack it with impunity. So much so that Vauban — yes, Vauban again — had a fortress, the « Bull Castle », erected at the mouth of the river, a stronghold that could become as dangerous as a galiot full of bombs. Today, Morlaix has only sailing-boats to evoke the frigates and bricks which in the West Indies Company time made it the rival of Saint-Malo and even of Nantes, while the tobacco manufacture Colbert had founded ensured the enrichment of the inland. However, on market days, such memories still lead to the ornament of the quays with pretty bedecked rigging one likes to see when strolling along the High Street and its old houses, resting awhile to dream in front of Duchess Anne's home, before resuming the walk in order to admire the seascapes of the Jacobin Museum.

ROSCOFF

Au début, il y eut l'oignon. L'Anglais le trouva bon. Alors le roscovite arma une compagnie de navigation pour mieux l'exporter. Ce fut la Brittany ferries qui, outre des caisses de primeurs, transporte passagers et voitures, non seulement vers Plymouth, mais aussi vers l'Irlande. Du coup, il n'y eut plus de cul-de-sac breton. Beau résultat qui permet à Roscoff de se qualifier en quatrième de finale pour les championnats des ports bretons.

Station balnéaire aux vastes horizons ponctués d'îles, Roscoff se vante à juste titre d'avoir inventé les premières cures marines. C'était à la fin du XIXᵉ siècle, longtemps avant qu'on les redécouvre sous le nom de balnéothérapie.

In the beginning, there was the onion. The English found that onion to their taste. So, the Roscovites fitted out a company, Brittany Ferries, so as better to export the tasty onion. Not only do the ferries carry out fresh vegetables to Plymouth and Ireland, they also convey passengers and their cars. Hence, one can no longer claim that Brittany is a mere dead-end. The good results abtained qualify Roscoff for a fourth position in Breton harbour championship. A resort commanding over an extensive view on an island-strewn sea, Roscoff is deservedly proud of having rediscovered the treatment of disease by bathing, long before it was given the learned name of balneotherapy.

ILE D'OUESSANT

Comment se procurer du mobilier quand on est une île sans arbres? Comment inhumer un disparu en mer? Autant de questions auxquelles le premier écomusée de France, au hameau de Niou-Huella, répond sans sourciller: le mobilier est fabriqué en bois d'épave; quant au défunt, une petite croix de cire en tient lieu.

A l'ouest de l'île, le puissant phare de Créac'h, figure légendaire au pelage de zèbre,

Stéphane Ruais : *Le vieux port de Roscoff. The Old Port at Roscoff.* Collection Gildas de Kerdrel, Marine d'Autrefois.

balaie de ses feux le «rail», l'une des voies maritimes les plus fréquentées du monde, et les plus dangereuses. «Qui voit Ouessant voit son sang» dit le dicton. Ceinturée de récifs battus par les flots déferlants, l'île a été le théâtre de nombreux naufrages, et le combat d'Ouessant fut l'un des premiers affrontements franco-anglais lors de la guerre d'Indépendance américaine. Aujourd'hui, sur leur pla-

teau de sept kilomètres sur quatre, les Ouessantins vivent d'agriculture et de la pêche aux crustacés.

How to get furniture when living on a treeless island? How to bury a man lost at sea? The first French Ecomuseum, set in the hamlet of Niou-Huella, has answers to these questions and many more : the pieces of furni-

Théodore Gudin : *Le combat d'Ouessant le 27 juillet 1778*, 1844. *The Battle of Ushant, 27 July 1778*. Paris, musée de la Marine.

ture were worked out of flotsam and a man who had disappeared at sea was replaced by a small wax cross.

In the western part of the island, the powerful lighthouse of Créac'h, now legendary with its zebra-striped markings, sweeps with its wide beam, "the rail", one of the most frequented and dangerous maritime lanes in the world. Rock bounded, beaten by furious breakers, the island has seen countless shipwrecks. A naval fight which took place off its shores was one of the first Anglo-French encounters, during the American Revolution. Nowadays, on their flat lands, seven kilometers long and four wide, Ushant people live off agriculture and crustacean fishing.

BREST

«Force de la France au bout de la France», ainsi l'historien Michelet, qui avait le sens de la formule, qualifiait-il Brest, bien à l'abri dans la gorge de la Penfeld, dans une vaste rade que relie à la mer un étroit goulet. De fait, c'est bien la flotte venue de Brest dès 1778 qui décida de l'indépendance des États-Unis d'Amérique. Les Anglais ne l'oublièrent pas qui, au temps des guerres napoléoniennes, en assurèrent le plus strict blocus, sans pouvoir museler ses défenses.

Le musée de la Tour Tanguy (XVIᵉ siècle) et le musée de la Marine, dans le château des XIIIᵉ-XVIᵉ siècles, ne laissent rien ignorer de son importance stratégique. De fait, c'est grâce aux efforts successifs de Richelieu – travaux du port et des arsenaux en 1631 –, de Colbert et de Vauban qui élève de nouvelles fortifications à partir de 1683, que Brest devient un puissant fort de guerre. L'École navale y a trouvé son abri de 1830 à 1945, date à laquelle elle quitta Brest pour s'installer dans la rade, à Lanvéoc. Quant aux Allemands qui eurent raison de Brest avant de capituler, le 18 septembre 1944, ils laissèrent en souvenir une formidable base sous-marine que l'on peut toujours visiter, citoyens français seulement.

La construction navale représente aujourd'hui la principale activité industrielle de ce port militaire, 2ᵉ arsenal français après Toulon. Le *Dunkerque* et le *Richelieu* sont sortis de ses cales. Le commerce quant à lui, qui attira dès le XVIIᵉ siècle le trafic des Indes, est toujours florissant. Et les sous-marins nucléaires que l'on voit évoluer dans la rade ont leur base dans l'île Longue. Fine cannonière, Brest garde toujours un boulet de rechange.

"The strength of France at the very end of France", this is how last century historian Michelet, who had a sense for formulas, saw Brest, well-sheltered in the deep Penfeld gorge and set upon the banks of a vast roadstead, linked to the sea by a narrow inlet. As a matter of fact, it is the leet coming out of that harbour, as early as 1778, which played a decisive part in the gaining of independance by the United States of America. The British forces did not forget this and during the Napoleonic wars, they blockaded the harbour although they did not manage to subdue its defences.

The local museum of the Tanguy Tower (16th century) and the Naval Museum, both opened inside the 13th to 16th century Castle, leave nothing unsaid ignore about its strategic importance. It is owing to the tenacious efforts of Richelieu, who had work carried out in the port and the dockyards about 1631, of Colbert and of Vauban, who raised new fortifications from 1638 onwards, that Brest has become such powerful stronghold. The Naval School was here from 1830 to 1945, before going to Lanvéoc, further along the roadstead. The Germans, for their part, took the town, and when they capitulated on September 18, 1944, they left behind a formidable submarine base, which French citizens (exclusively) can still visit.

Jean-François Hue : *L'intérieur du port de Brest, 1794. The inner port at Brest. Paris, musée de la Marine.*

Shipbuilding now represents the principal industrial activity of that military port, which has the second French naval yard after Toulon. The Dunkerque and the Richelieu come out of its stocks. Trading, which attracted the East Indies traffic from the 17th century onwards, remains prosperous. And the nuclear submarines one sees exercising in the roadstead have a base in Longue Island. Should the case occur, Brest, as the fine gunner it is, would always have a second ball in reserve.

LANDERNEAU

«Il y aura du bruit dans Landerneau» disait-on jadis. La petite ville des bords de l'Élorn, ancienne capitale du Léon, s'y connaissait en matière de toile, de cuir et de corde. La campagne alentour pratiquait déjà la culture quasi-industrielle du lin et du chanvre. Aujourd'hui, le chou-fleur les a remplacés. Mais les hautes maisons d'ardoises des fabricants de toile forment toujours le cœur de la ville, à la rencontre des eaux claires et du flot marin.

Principal fournisseur de Brest, à l'époque de la grande voile, elle en est aujourd'hui une charmante «banlieue», où l'on aime vivre et appareiller pour la baie, tandis que la pêche au saumon et à la truite anime toujours son port.

"It's bound to make much ado in Landerneau" goes one of the most French sayings, meaning that the news in question would not have more importance that the wind blowing in Brittany. One must admit that the city established on the banks of the Elorn River, once "capital" of the Breton land of Léon, had at least acquired true skills as regards leatherwork, as well as canvas- and ropemaking. The countryside already cultivated linen and

Le port de Landerneau vu du quai de Saint-Julien, gravure de Yves Le Gouaz d'après un dessin de Nicolas Ozanne, vers 1770. Landerneau harbour seen from the quay of Saint Julien, engraving by Yves Le Gouaz, after a drawing by Nicolas Ozanne, c. 1770.

Marc Chapaud : *Camaret*.
Collection Denis Chevalier.

hemp in a semi-industrial way.   Today, cauli-
flower has replaced them.   But the tall houses
with slated roofs of the drapers still make up
the town center, and the clear river waters
meet the sea in front of them.

First supplier of Brest, in the sailing days,
Landerneau has become its charming suburb,
where one likes to live and cast off for the bay,
while salmon and sea-trout fishing still make
the harbour a lively scene.

CAMARET-SUR-MER

«Va à Camaret! lui cria la saltimbanque,
mon pays d'origine!... Un petit port perdu au
bout du monde.» Le lendemain même, Saint-
Pol Roux le Magnifique, quittant Paris, débar-
quait à Camaret. Il ne la quitta plus, jusqu'à

cette nuit de juin 1940, où un soldat allemand
brutalisa le vieux poète, tua la servante, viola
la fille et saccagea trente années de travail
poétique.

Bien abrité par une digue naturelle, le

port, sardinier dès le XVIe siècle, arme à la langouste, de la Cornouailles anglaise à la Mauritanie. Au château «Vauban», une tour du XVIIe siècle aménagée en musée Naval, il est question, entre autres, d'un certain curé de Camaret, héros gaillard d'une chanson de voile, et d'un débarquement manqué des Tuniques Rouges en 1694.

"Go to Camaret! enjoined the acrobat... It's my homeland!... A small forgotten harbour at the very end of the world." On the following day, Saint-Pol Roux the Magnificent left Paris and landed in Camaret (1905). He

never left it, until on one ominous night in June 1940, a German soldier knocked about the old poet, killed the servant, raped the daughter and destroyed thirty years of work by that disciple of Mallarmé.

Well-sheltered by a natural breakwater, the harbour, from where sardine was already fished in the 16th century, fits out for crayfish from Cornwall to Mauritania. In the Vauban Castle, a 17th century tower, converted into a naval museum, one finds mention among many other things of a curate of Camaret who was such a spry fellow that he was praised in a saucy sea shanty. Also noted is the failed landing, in 1694, of the Red Coasts.

DOUARNENEZ

Douarnenez doit son nom à la petite île Tristan, toute proche du rivage. Une seigneurie, propriété des évêques de Quimper, y était établie et étendait sa juridiction sur le pays alentour, d'où l'appellation «Terre de l'île», en breton «Douar en nez», pour désigner les biens vassaux.

Au XVIIe siècle, la baie a pour nom «le golfe de pêche des sardines». En 1854 était inventée la conservation à l'huile. Il était temps. Délaissant l'imprévisible sprat, Douarnenez se lançait alors dans la grande pêche au thon, au maquereau, au poisson de chalut et au crustacé. Aujourd'hui, la compétition est ouverte pour la 3e division, ex-aequo avec Le Guilvinec. Ici, saumure rime avec culture, et la visite de la criée s'impose.

Au fond d'une baie où dort l'énigmatique ville d'Ys — en fait, un complexe de cuves à salaisons gallo-romaines, assurent les archéologues, et tant pis pour la légende –, Douarnenez, en annexant Tréboul, s'est largement ouverte au tourisme balnéaire, et bien entendu à la plaisance.

Douarnenez owes its name to small Tristan Island, which lies close to the shore. A priory that was also a seigniory of the bishops of Quimper, had been long established there and it exerted its jurisdiction upon the surrounding country, hence the name of "Land of island" – "Douar en nez", in Breton – referring to lands held in vassalage.

In the 17th century, the bay was called as "the gulf for sardine fishing". In 1854, oil became a common preservative. It was high time, too. Giving up the unpredictable sprat, Douarnenez launched itself into deep sea fishing, bringing back tunny, mackerel, trawler fish and crustaceans. Today, the competition is open between fishing-ports and Douarnenez stands joint third with Le Guilvinec. Here, where pickling is a form of culture, a visit to the local fish-market is a must.

At the head of a bay, the enigmatic maritime town of Ys remains submerged – asleep – even if, according to archaeologists, it could plainly be a Gallo-Roman salt-meat and fish complex – and the legend would come out the worse for it.–. In annexing Treboul, a smaller harbour, Douarnenez has greatly developed balneary tourism as well as yatching facilities.

André Strauss : *Le port de Douarnenez, temps gris, 1949. Dournenez, the port in cloudy weather.* Collection particulière.

77

ILE DE SEIN

L'île de Sein, dessin et gravure de Louis Lebreton, L'illustration, 1851. The Island of Sein, drawing and engraving by Louis Lebreton, L'illustration, 1851.

Face à la pointe du Raz, une île plate, allongée, sablonneuse que seuls quelques rochers empêchent de partir à la dérive, lorsque les grandes tempêtes d'équinoxe la balaient comme le pont d'un chalutier. Que n'a-t-on pas dit de ses habitants, souvent contraints à l'isolement et à la famine : sorciers, naufrageurs, attirant par leurs maléfices et leurs ruses les navires en perdition? Les récifs cependant ne s'acquittaient que trop bien de cette effroyable mission. «Qui voit Ouessant voit son sang, qui voit Sein voit sa fin.» Et en breton, Sein signifie le pays des «sept sommeils». Aujourd'hui, ces diables de la mer sont devenus d'admirables sauveteurs. Et en juin 1940, tous les hommes valides rejoignirent la France Libre.

La pêche aux crustacés constitue la ressource essentielle de l'île, dont le port accueille les navigateurs impavides. Il est difficile d'y vivre quand on n'est pas natif de l'île. Les médecins en savent quelque chose, même bretons.

Facing the Pointe du Raz, there lies a flat, long and sandy island that seems only prevented from drifting away by the rocks, when equinoxial high seas storm over it as they would over a trawler's decks. What has not been said of Sein's inhabitants, who often lived periods of forced isolation and famine, is not worth remembering : sorcerers, witches, wreckers, all drawing by evil spells and tricks imperilled ships? The reefs, all the while, mostly fulfilled the terrible task by themselves. "Whoever sees Ushant sees his blood; whoever sees Sein sees his end", prophesies another popular saying. Now, in Breton, Sein is synonymous with the "land of the Seven sleep". Today, the "sea-devils" as they were known, have changed into skilful rescuers. And in June 1940, every single active man took to his boat and joined the Free French forces in England.

The island has for essential ressources crustacean fishing and its harbour welcomes dauntless sailing boat masters. However, it is much more difficult to live there on a permanent basis when one comes from the outer world. Doctors, even when they are of Breton extraction, have by now often tried it.

AUDIERNE

On y prend le «Pèlerin» pour l'île de Sein et la langouste y arrive vivante à double cale. Installée sur les eaux calmes du Goyen, Audierne possède une plage bien exposée, à l'extrémité de la longue côte, dénudée et venteuse, qui porte son nom.

Le type même du port breton, dont on tombe amoureux comme d'une femme fatale. Il faut voir, sur le port, les grands viviers où la langouste, ramenée des côtes marocaines, améliore la qualité de sa chair. Jetée vivante dans la cuisson, elle se consomme à l'américaine, à la parisienne et même à la moscovite.

From there, one takes the "Pilgrim" for the Island of Sein. Built near the quiet waters of the Goyen River, Audierne owns an agreeably oriented beach at the end of the long, treeless and windy coast it has given its name to. It is the typical Breton harbour one falls in love with, surrendering to its charm as to that of a "femme fatale". On the quays, one must see the huge tanks where crayfish, brought back from the Monoccan coasts, improves its flesh. Thrown alive in a court-bouillon, it can be eaten in the American, Parisian or Muscovite way.

Philippe Long :
Audierne, vers 1920.
Paris, musée de la Marine.

Paul Perraudin :
Saint-Guénolé.

SAINT-GUÉNOLÉ
LE GUILVINEC

Le nom pourrait s'allonger de tous les ports jumeaux du pays bigouden. Saint-Guénolé, qui pêche la sardine et le thon; Saint-Pierre de Penmarch que signale le phare d'Eckmühl; Lesconil, Lechiagat, enfin Le Guilvinec, 3ᵉ port breton qui arme pour la sardine et la langouste, au large des côtes norvégiennes. Il faut y ajouter l'Île-Tudy, lieu de fabrication d'un savoureux gâteau : le Tudy. Cette nébuleuse qu'on pourrait appeler les Sept-Ports, a en commun de partager le même ciel, les mêmes activités et le mélange de tradition et de modernisme qui caractérise le pays bigouden, un des éléments les mieux définis et les plus typés de la Bretagne bretonnante.

One could go on and all the other "twin" harbour names of the "Bigouden" country. St-Guénolé is a fishing-port for sardine and tunny. St-Pierre de Penmarch is signalled far away by the Eckmühl lighthouse, but one can also visit around Lesconil, Lechiagat and Le Guilvinec, third port in Brittany for sardine and crayfish, caught off the Norwegian Coast.

Ile-Tudy, where they make an extremely tasty cake – the "Tudy", of course –, should not be forgotten. This nebula one is tempted to call "the Seven-Ports", shares the same sky, the same activities and enjoys the mixture of tradition and modernism typical of the Bigouden country, one of the better-defined and characterized features of Breton-speaking Brittany.

BÉNODET

Le site est avenant, riant même, à l'entrée de la ria de Quimper, à l'image de la Bretagne méridionale, douce, vaporeuse, embuée... A l'abri des vents d'ouest et des rives escarpées de l'estuaire, tout y pousse, précocement, généreusement. D'un côté Bénodet, la station balnéaire avec ses villas pimpantes, son phare, sa plage, son port de plaisance aux eaux calmes, de l'autre Sainte-Marine, que l'on rejoint par le pont de Cornouaille, en lieu et place de l'ancien bac, une cale que la marée lèche comme un sucre d'orge, une cohue de maisons chaulées à blanc, la Bretagne dans toute sa spontanéité et sa grâce sans apprêt. Et au large, il y a même un archipel, celui des Glénans, suprême invite à l'aventure marine.

The setting is pleasant, even cheerful, at the mouth of Quimper ria, in the image of gentle, vaporous, misty South Brittany. Sheltered from the western winds by the steep banks of the Odet estuary, everything that grows there does so early and abundantly. On one side, Bénodet, a popular resort with gay villas, a lighthouse, a sandy beach, a yacht harbour with quiet waters, and on the other, Sainte-Marine, reached by way of the bridge of Cornouaille that has replaced the old ferry, a dock that the sea licks slowly as if it were barley sugar, and whitewashed houses crowding each other. This is Brittany in all its spontaneity and unaffected grace. And on the horizon, the cluster of the Glenans beckons on — an irresistible invitation to venture out.

Françoise Garret : *Bénodet,*
aquarelle, 1982.
Watercolour.

QUIMPER

Fondée à l'époque gallo-romaine, l'antique capitale de la Cornouaille s'est longtemps appelée Quimper-Corentin, en l'honneur de l'évêque Corentin, dont la cathédrale gothique des XIIIe et XVe siècles garde le souvenir. A la plus haute limite de la marée, Quimper possédait quelques beaux quais, confectionnés avec le soin qu'on apportait jadis à toute chose. Mais à seize kilomètres de l'Océan, sur l'Odet qui s'ensablait, ils étaient déjà d'un accès difficile à la fin du XVIIe siècle. Le chemin de fer les réveilla de leur torpeur jusqu'au moment où, entre les deux guerres, le port quadrupla ses activités. Une décision ministérielle de 1934 décidait alors de «décongestionner» le port de Quimper, et hydrocarbures et vins furent transférés au port du Corniguel.

Pour admirer les plus belles toiles que la Bretagne a inspirées à Boudin, c'est au musée des Beaux-Arts qu'il faut aller, où l'on découvre aussi les nombreux «petits maîtres» régionaux de la fin du siècle dernier. Et on n'oubliera pas la maison natale de Max Jacob.

Quant au véritable port de Quimper, c'est Bénodet, pour la plaisance en tout cas, que favorise à la fois la splendeur de l'estuaire et la proximité de l'archipel des Glénans, doté d'un centre nautique dont la réputation n'est plus à faire.

Quimper, vue prise
du chemin de hallage,
lithographie de Louis
Lebreton d'après un dessin
de Coïc, 1850. Quimper,
view taken from the
towpath, lithography
by Louis Lebreton, after
a drawing by Coïc, 1850.

Founded in Gallo-Roman times, the ancient capital of Cornouaille has long been called Quimper-Corentin, in honour of Bishop Corentin.   The Gothic cathedral built from the 13th to the 15th centuries still keeps its patron's memory.   On the tide-mark, Quimper has some beautiful quays, erected with the care one used to give to everything handmade. But built at a distance of sixteen kilometers from the ocean, along a river that silted up, the Odet, they were already very difficult to reach at the end of the 17th century.   The railways woke up the town from that torpor, and during the interwar period, the port activities quadrupled.   In 1934, a ministry decision to "relieve the pressure" on Quimper led to the transfer of hydrocarbons and wines to Carniguel harbour.

In order to admire the beautiful paintings Brittany has inspired Boudin to do, one has to visit the Fine Arts Museum.   One will also find there typical drawings and paintings due to lesser known regional painters at the turn of the century.   And a visit to Max Jacob's birthplace is a must.

The real port of Quimper is Bénodet, for yatching anyway.   Pleasure sailing is both favoured by the splendid estuary and by the proximity of the Glenan Islands offshore, where navigation is taught in an internationally famous center.

CONCARNEAU

Au palmarès des ports de France, Concarneau multiplie les distinctions : premier pour le thon, troisième pour le poisson frais débarqué. Ce qui n'est pas si mal dans un secteur si sensible.

«La Ville Close», cité fortifiée bâtie sur un îlot au milieu du port, aux remparts de granit datant du XVe siècle, est reliée à la terre par deux petits ponts. Elle est illuminée les soirs d'été et vit maintenant au rythme conjugué du tourisme et des gros «pêche-arrière» qui rentrent tous les quinze jours des côtes écossaises, irlandaises, voire même tropicales. Dotés de moteurs puissants, équipés de congélateurs, étendant sans cesse leur rayon d'action, ces thoniers n'ont plus rien de commun avec leurs aînés. Le musée de la Pêche, riche de 47 aquariums, de maquettes de bateaux... doit se compléter par la visite de la criée, une des plus vivantes qui soit.

Gavy Gouillard :
Concarneau.
Collection A.B.

Among top French ports, Concarneau accumulates the distinctions: first for tunny catching, third for fresh fish unloaded, all of which is highly commendable for such a sensitive economic sector.

The fortified "Close" town, built on an island in the middle of the port and surrounded with 15th century granite walls, is linked up to the rest of the city by way of two bridges. Illuminated at night, in summer, it now lives to the conjugated rythm of tourism and the rotations of big deep-sea drifters which come back every fortnight from Scottish and Irish or tropical coasts. With powerful motors and deep-freezing holds, the tunny boats have nothing in common with the trawlers of yesterday. A visit to the Fishing Museum, rich with 47 aquaria and boat models, may be completed by one to the "criée", the wholesale fish-market, one of the most animated one can see.

Robert Yan : *L'arrière-port de Concarneau, aquarelle.*
The inner harbour at Concarneau, watercolour.
Collection particulière.

Paul Sérusier : *Laveuses au Pouldu. Washerwomen at Le Pouldu*. Paris, collection particulière.

LE POULDU
PONT-AVEN

Deux villages qu'on ne saurait dissocier, bien qu'ils ne chevauchent pas la même rivière, la Laïta pour l'un, l'Aven pour l'autre. Deux petits ports, à la limite de la marée, où la mer vient à la rencontre du terroir comme une épouse timide et consentante.

Après l'École des Maris, l'École des Femmes, l'École des Peintres. Paul Gauguin, à la recherche d'émotions fortes, y vint à partir de 1886, à l'auberge Gloanec, bientôt entouré d'une volée de jeunes peintres : Émile Bernard, le théoricien du groupe, Sérusier, Maufra, Monfreid, Filiger... Ils le suivirent au Pouldu trois ans plus tard, laissant à la postérité le soin de les baptiser École de Pont-Aven. Leurs toiles sont aux quatre coins du monde et au musée de Pont-Aven.

La citadelle du Port-Louis vue de la pointe de Gàvres, gravure de Yves Le Gouaz d'après un dessin de Nicolas Ozanne, 1776. The Citadel of Port-Louis seen from the Pointe de Gavres, engraving by Yves Le Gouaz, after a drawing by Nicolas Ozanne, 1776.

Two villages one can no longer dissociate, though they do not grace the banks of the same river : one is on the Laïta, the other, on the Aven. Two small harbours built on the tide-mark, where the sea comes to meet the land, as a shy and consenting bride.

In 1886, Paul Gauguin, in search of new emotions (and drawn there by economic considerations) came to stay at Mary-Jeanne Gloanec's inn. Soon, he attracted the attention of a covey of young artists : Emile Bernard, the group's theoretician, Sérusier, Maufra, Monfreid, Filiger... Three years later, they followed him to Le Pouldu, leaving posterity to call them "the Pont-Aven School". Their paintings can be seen all over the world, as well as in the Pont-Aven Museum.

Robert Yan : *Chalutiers à Gàvres en Port-Louis. Morbihan*, aquarelle. *Trawlers at Gavres in Port-Louis. Morbihan*, watercolour. Collection particulière.

LORIENT
PORT-LOUIS

Lorient doit sa prospérité à la Compagnie des Indes Orientales qui y établit en 1666 ses chantiers de construction navale, que Vannes avait refusé d'accueillir. Au milieu du XVIIe siècle, l'essor de la cité est tel que Lorient rivalise avec Nantes. La perte du marché indien provoqué par la dissolution de la Compagnie en 1770 lui porte un coup fatal. Napoléon la sauve, qui en fait une place forte maritime. Bref, des ports, il y en a quatre maintenant : le port de pêche, Keroman et le port de commerce, Kergroaz, au premier rang pour l'agro-alimentaire; le port militaire, arsenal et base sous-marine construite par les Allemands, qui valut à la ville sa destruction; enfin, dernier venu, le port de plaisance.

Cela méritait un musée. Il est à Port-Louis, l'ancienne Blavet, rebaptisée en l'honneur de Louis XIII et fortifiée par Richelieu. La citadelle, sévère quadrilatère flanqué de sept bastions, qui défendait la passe de Lorient, abrite un musée de la Mer ainsi que le musée de la Compagnie des Indes. D'admirables maquettes de bateaux et l'histoire de la Compagnie vous y attendent.

Lorient owes its prosperity to the French East India Company, which established there the naval dodkyards Vannes had refused. In the middle of the 17th century, the city, at the height of its wealth, was a rival to Nantes.

Monique Bellanger :
Atlantique, 1988.
The Atlantic.

Robert Yan : *Le vieux*
plaisancier. Port Haliguen.
Quiberon, aquarelle.
The old boat. Port-Haliguen.
Quiberon, watercolour.
Collection particulière.

The loss of the Indian market, due to the winding up of the Company, in 1770, dealt it a severe blow. Napoleon saved it by fortifying it. Nowadays, one counts four ports all around : Keroman, the fishing-port, Kergroas, the commercial port, which occupies a top position for agro-industrial products, the naval port, including the arsenal – not accessible to foreigners – and the submarine-base, built there by the Germans, which brought the destruction of the town in the Second World war, and last but not least, the yachting port.

The entire complex deserved a museum. It has been opened in Port-Louis, the former Blavet, fortified and thus renamed by Richelieu in the honour of King Louis XIII. Inside the citadel, a stern quadrilateral building, flanked with seven bastions which defended the Lorient pass, a Sea Museum has been established, as well as the French East Indies Company Museum. Extraordinary boat models and the history of the Company await you there.

LE DE GROIX

Terre d'élection des druidesses dans l'Antiquité, «l'île de la Sorcière», en breton, émerge tout d'un bloc. A une petite heure de Lorient, elle en est en quelque sorte une annexe pour la pêche au thon. Symbole significatif, un thon remplace le coq traditionnel au faîte de son église. Le patrimoine de Groix est sauvegardé à Port-Tudy, dans un écomusée dit éclaté, reliant par un sentier de découverte les principaux pôles de l'économie îlienne.

An elective place for ancient druidesses, the Bretons "Witch's Island" emerges all in one piece. It lies a short hour off Lorient and serves, so to speak, as an annex for tunny fishers. A revealing symbol : a tunny replaces the traditional cock as a weather-vane on the church steeple. The heritage of Groix is mainly preserved in Port-Tudy, in a so-called "broken up" ecomuseum, with a footpath linking the main centers of economic activities on the island.

QUIBERON

Ancienne île rattachée à la terre par un isthme de six kilomètres, la péninsule a pris au XIe siècle le nom donné au bourg situé en son extrémité sud. Depuis des millénaires, les populations locales utilisaient la mer pour ses propriétés curatives, faisant de la thalasso-thérapie avant la lettre. N'a-t-on pas trouvé à Teviec d'importants dépôts de déchets alimentaires ?

Retiré des compétitions cyclistes, le champion Louison Bobet décida de se reconvertir dans la cure marine, en installant un institut pour arthritiques et rhumatisants, le long de la Côte Sauvage, site tonifiant s'il en est. Car on y vient de très loin pour s'y refaire une santé, à coups de bains d'algues et de jets d'eau, judicieusement appliqués.

Once an island, it is now linked to the coast by a six kilometer tombolo and in the 11th century, the peninsula took the name of the market-town established at its southern point. For thousands of years, the local populations have been using sea water for its curative properties – a form of thalassotherapy before anyone called it that.

Retiring from professional cycling, French champion Louison Bobet decided to move over to sea treatment and to establish an institute for arthritis and rheumatism along the Wild Coast, a bracing place if ever there was one. People come now from afar to get back their health, with the help of seaweed baths and water-hose nozzling, judiciously applied.

Claude Monet : le golfe de l'Apothicairerie, les aiguilles de Port-Coton, et le petit Port-Maria, entre autres.

Les Anglais s'en emparèrent durant la désastreuse guerre de Sept Ans, avant de défaire la flotte de ligne française au combat des Cardinaux, justifiant ainsi son importance stratégique. La leçon fut comprise, elle ne fut plus reprise. Le port du Palais, fortifié à la Vauban, constitue, à l'heure des loisirs nautiques, un mouillage très sûr que les plaisanciers mettent à profit.

─────────────────────

It is the largest island in Brittany and one reaches it by ferry from Quiberon. From Sarah Bernhard to Claude Monet, everyone has praised its beauty spots : the grotto of the Apothecary, the needles of Port-Croton and the small Port-Maria, among others.

The English captured it during the disastrous Seven Years' war, before defeating the French men-of-War in the Cardinals' fight, thus justifying its strategic importance.

The lesson was understood and the island never seized again. The port of Palais, fortified by Vauban, offers a very secure moorage and sailing-boats make the most of it.

BELLE-ILE - EN-MER

C'est la plus grande des îles bretonnes, où l'on relache à partir de Quiberon. Ses sites ont fait l'admiration de tous, de Sarah Bernhardt à

Gerald Musch : *Sauzon. Belle-Ile-en-Mer,* 1984. Collection Gildas de Kerdrel, Marine d'Autrefois.

VANNES

Une tribu de marins fit trembler César. S'ils l'eussent emporté, la face de la Gaule en eût été changée. C'étaient les Vénètes dont la capitale, Darioritum, est devenue Vannes. Les ducs de Bretagne en firent le siège de leur administration. L'ancien Parlement de Bretagne abrite aujourd'hui le musée de la Cohue, avec ses collections consacrées à l'histoire du golfe du Morbihan et ses peintures de

marines. En 1532, la Bretagne fut rattachée à la France. Le Parlement s'installant à Rennes, puis la Compagnie des Indes à Lorient, le port s'ensommeilla pour de bon. Le réveil survint pourtant, deux siècles plus tard, secouant d'aise les vieux quais, avec le *Pen Duick IV* de Tabarly. La plaisance, une fois de plus, accomplissait son miracle.

A maritime tribe gave Caesar a very worrying time indeed there. Had they won, the face of Gaul would have been changed. They were the Veneti, and Darioritum, their capital, has been given the name of Vannes. The Dukes of Britanny made it thier administrative center. The former Parliament of Brittany houses the Museum of La Cohue, with collections evoking Gulf of Morbihan history and a rich store of marines. In 1532, Brittany was united to France. Parliament left for Rennes, the French East Indies Company for Lorient, and the harbour fell into a deep sleep. The awakening took place two centuries later, shaking up the old quays and filling everyone with pride, when Tabarly's Pen Duick IV arrived there. Sailing, once more, had done a miracle.

Paul Perraudin :
    Vannes, 1967.

LE CROISIC

Le Croisic a eu son heure de gloire aux XVIe et XVIIe siècles, avant que ne s'établissent les grands ports militaires de Bretagne. Place forte de premier rang, elle vit s'échouer à l'entrée de son port, le 21 novembre 1759, le *Soleil Royal*. Un musée Naval s'est constitué autour de son canon de 24 en bronze, décoré d'après Pierre Puget et enlevé à l'Océan par quelques plongeurs.

Ouvert sur les marais salants, le port s'appuie sur des buttes artificielles, formées par le lest des navires, au temps où le sel valait de l'or. Vivant à la fois de la sardine et de l'huître, Le Croisic s'est dotée d'un aquarium unique en son genre. Plus de 3 000 coquillages y vivent, chacun dans son milieu d'origine.

De part et d'autre des marais salants qui font du Croisic presque une île – la nuance est d'importance avec presqu'île – La Turballe arme à la sardine, alors que Le Pouliguen est le port de la plus belle plage d'Europe, La Baule.

Le Croisic had its hour of glory in the 16th and the 17th centuries, before the setting up of important naval ports in Brittany. Then one of the first strongholds, it saw the Soleil Royal run aground at its entrance, on November 21, 1759. A Naval Museum was established around a bronze piece, with ornaments taken from sculptor Pierre Puget.

The harbour opens on salt-marshes and leans on artificial hillocks built up with ships' ballast, at a time when salt was often more precious than gold. Now earning a living both from sardine fishing and oyster cultivation, Le Croisic has built a unique aquarium, where 3 000 shellfish live in their original environment.

On each side of the salt-marshes that reduce Le Croisic to almost an island – though it is definitely a peninsula –, the fishing-port of La Turballe mans sardine boats, whilst Le Pouliguen is the harbour of the most beautiful beach in Europe, that of La Baule.

Gabriel Loire : *Le Croisic. Maisons au Vieux Port*, 1966. *Le Croisic. Houses in the Old Harbour.*

NANTES SAINT-NAZAIRE

René Goulet :
Port de Nantes, 1982.
Nantes, the port.

A 56 kilomètres de la mer, à la confluence de l'Erdre avec une Loire déjà sensible au pouls des marées, l'endroit était judicieux et porteur d'avenir. De fait, située au cœur des transactions entre l'Espagne et les Pays-Bas, échangeant au Moyen Age son sel et son vin contre des produits manufacturés, comblée de privilèges par les ducs de Bretagne, l'ancienne cité des Namnètes prit rang parmi les perles océanes. Vint l'exploitation des Amériques.

Charles Leduc:
Saint-Nazaire, fusain
rehaussé, vers 1860.
Charcoal heightened.
Collection Pierre Maurel
de Silvera.

Nos Nantais, n'y regardant pas de si près, investissent dans le «bois d'ébène». Ils s'évertuent tant qu'ils font de Nantes le premier port négrier au XVIIIᵉ siècle. Mais le blocus continental, la perte des îles à sucre, l'abolition de l'esclavage, l'envasement des chenaux contraignirent Nantes à créer un avant-port.

En 1856, le bassin à flot de Saint-Nazaire était ouvert. Ainsi naquit un grand complexe portuaire, lié aux activités industrielles, que la crise de la construction navale conduit vers une reconversion difficile.

L'activité commerciale, coloniale, industrielle et maritime de Nantes est évoquée au musée des Salorges, dans l'ancien château des ducs de Bretagne, qui abrite aussi figures de proue et bateaux de pêche.

At about 56 kilometers from the sea, where the Erdre flows into a Loire River already attuned to the tidal pulse, the place was a good choice and seemed bound to have a future. To be true, finding itself plumb in the middle of commercial transactions between Spain and the Netherlands, exchanging salt and wine, in the Middle Ages, for manufactured products, the ancient city of the Namnetes took its place among the oceanic pearls. Then came the settlement of America. The people of Nantes, who were not too particular, invested in the slave trade. They strove so hard that in the 18th century, their port took the very first place in the triangular traffic with the West Indies. But the Continental blockade, the loss of the sugar-producing islands, the abolition of slavery, the silting up of the channel compelled Nantes to develop an outer port.

In 1856, Saint-Nazaire's great floating dock was opened, thus creating a large harbour complex, in close collaboration with the local industries. However, a shipbuilding crisis has made reconversion difficult.

The commercial, colonial, industrial and maritime activity of Nantes is evoked in the Salorgues Museum, opened in the Dukes of Brittany's old castle, where one may also see figureheads and fishing smacks.

Fernand Herbo:
Saint-Nazaire.

Jean Rigaud

De
Pornic

à
Saint-Jean-de-Luz

Jean Rigaud : *La Rochelle.*

Pornic
Ile de Noirmoutier

Ile d'Yeu Saint-Gilles-Croix-de-Vie

LES SABLES D'OLONNE

Saint-Martin de Ré
Ile de Ré LA ROCHELLE
ROCHEFORT

Saint-Pierre
Ile d'Oléron

Côte de Lumière

Sèvre Nantaise

Lay

Sèvre Niortaise

Royan
POINTE DE GRAVE

Gironde

Charente

Dronne

Côte des Landes

Etang de Hourtin

BORDEAUX

Dordogne

OCÉAN
ATLANTIQUE

ARCACHON
Ile aux Oiseaux
CAP FERRET

Bassin d'Arcachon

Garonne

Biscarosse
Etang de Biscarosse

Mimizan

Côte d'Argent

Hossegor
Capbreton

Golfe de Gascogne

BAYONNE

Midouze

Biarritz
Saint-Jean-de-Luz
Hendaye

Gave de Pau

Adour

PORNIC

C'est le dernier port à consonnance celtique, à l'orée de la profonde et large baie de Bourgneuf, où les Bretons venaient chercher le sel nécessaire à leurs salaisons et à leur commerce avec les pays nordiques. Pornic s'adonne aujourd'hui à la pêche aux crustacés, après avoir longtemps chassé la morue dans les eaux de l'Atlantique Nord. A l'horizon se dessine la silhouette d'une odalisque nommée Noirmoutier. La Bretagne s'estompe, mais on entendra encore parler des Bretons, du côté des pertuis.

It is the last port with a Celtic-sounding name. It lies at the entrance of the deep and large Bay of Bourgneuf, where Bretons came to get the salt necessary to the preservation of their meat and fish and to the trade they had with the Scandinavian countries. Pornic is now devoted to crab, lobster and shrimp fishing, after having long fished for cod in the vast expanses of North Atlantic. On the horizon, one sees outlined an Odalisque named Noirmoutier. Brittany is fast fading away, but one will again hear from the Bretons when heading for the straits.

PORT-JOINVILLE   ILE D'YEU

Ici, la pêche fait vivre quatre îliens sur cinq. La majorité de la population vit d'ailleurs à Port-Joinville, l'un des grands ports de chalutage français. Nous sommes à l'île d'Yeu, à quinze milles du continent, morceau détaché du massif armoricain. Port-Joinville s'appelait Port-Breton, au temps où la pêche à la sardine attirait une population flottante de dix mille

Jean-Michel Seiller :
Port-Joinville, aquarelle.
Watercolour.

René Goulet: *Les Sables d'Olonne, la tour d'Arundel, retour d'une campagne au thon de la gazelle «Honneur et Dévouement» construite en 1925.* The Sables d'Olonne, the Arundel Tower, return from the tunny fishing-grounds of the "gazelle" "Honneur et Dévouement", built in 1925.

marins bretons. Joinville lui vint du troisième fils de Louis-Philippe, amiral à ses heures. Quant au maréchal Pétain, il y mourut en 1951, à la forteresse de Pierre-Levée où il était incarcéré depuis 1945. Port-Joinville est aujourd'hui un des grands ports thoniers français et l'île d'Yeu a ses inconditionnels.

Here, fishing is a way of life for four islanders out of five. The majority of the inhabitants are gathered in Port-Joinville. The island is a detached part of the Armorican hills and it is reached after a fifteen kilometer crossing by ferry. Port-Joinville was called Port-Breton when sardine-fishing attracted a floating population of ten thousand Breton fishers. Joinville was the title of a prince, third son of King Louis-Philippe and sometime admiral. As for Marshal Pétain, he died there in 1951, in the fortress of Pierre-Levée, where he had been kept since 1945. Port-Joinville is today one of the great French tunny fishing-ports and the Ile d'Yeu has unconditional admirers.

LES SABLES D'OLONNE

Fondé au Xᵉ siècle par des pêcheurs basques, le port des Sables dépendait du bourg d'Olonne. Dans le vieux port de La Chaume, l'Olonnois a sa taverne. Qui est l'Olonnois? Le type même du flibustier, cupide et cruel, courageux et audacieux, qui pilla méticuleusement les établissements espagnols, à partir de l'île de la Tortue.

L'aventure, ici, est encore au bout du quai. Face à La Chaume s'ouvrait une grande rade, où les corsaires cherchèrent refuge à l'abri du Fort Saint-Nicolas, tandis qu'en amont des marais salants quadrillaient la lagune. C'est là qu'on décida de creuser, en 1978, le bassin des Chasses qui fait désormais d'Olonne, et de ses vastes plages, un grand relais de la plaisance en Atlantique.

Founded in the 10th century by Basque fishermen, the "port in the sands" depended from Olonne. In the old port of La Chaume, the Olonnois has a tavern. But who was the Olonnois? A greedy and cruel, courageous and even daring buccaneer, who used the Caribbean Tortuga Island as a base for meticulously plundering the Spanish settlements.

Adventure, here still waits one at the end of the quay. Facing La Chaume, there opened a large roadstead, where corsairs took refuge in the shelter of Fort Saint-Nicolas, whilst up the coast, a network of salt-marshes crisscrossed the lagoon. In 1978, it was decided to dig out the wet dock of Les Chasses, so that now Olonne and its long beaches make a great stopping place for yachting in the Atlantic.

ILE DE RÉ

Allongée voluptueusement entre les pertuis, l'île «à la taille de guêpe» s'adonne aux primeurs des claires d'élevage. Jadis dotée de privilèges commerciaux, l'île abritait dans sa rade les vaisseaux d'Angleterre, de Hollande, de Flandre et d'Espagne. A Saint-Martin, la résidence des gouverneurs, transformée en arsenal par Vauban, abrite le musée Naval et les collections d'Ernest Cognacq, natif de la cité.

Le vieux port de commerce se peuple de bateaux de plaisance, tout comme Ars, au clocher noir servant d'amer, ou encore La Flotte. C'est qu'il fait bon vivre en cette île, piquetée de villages pimpants, parmi une végétation que la chaude intimité de la mer rend luxuriante.

Voluptuously laid out between the straits, the wasp-waisted island has specialized in the cultivation of oysters. Once granted commercial privileges, the island welcomed in its roadstead ships coming from Great Britain, Holland, Flanders and Spain. In Saint-Martin, the governor's residency, changed into an arsenal by Vauban, houses the Naval Museum and collections by Ernest Cognacq, born in the town.

The old commercial port is partially turned over to sailing craft and the same is true of Ars, a village with a black steeple, used as a landmark by sailors, and in La Flotte. Life is sweet on this island strewn with gay villages, which lie among the lush vegetation grown there in the warm intimity of the sea.

André Pecker : *Le port
de La Flotte. Ile de Ré.
La Flotte Harbour, Ré Island.*

LA ROCHELLE

Cette république marchande, ralliée à la Réforme, eut l'outrecuidance de lancer ses corsaires à l'assaut des vaisseaux catholiques. Son sort fut à la mesure de l'affront. Après quinze mois de siège et 12 000 morts, le maire, Jean Guiton, s'inclina devant Richelieu, le 28 octobre 1628. Méfiant, le pouvoir la laissa survivre sous haute surveillance. L'enceinte médiévale fut rasée, dont subsistent la porte de la Grosse-Horloge, ainsi que la tour de la Chaîne et la tour Saint-Nicolas, de part et d'autre du chenal.

La perte des colonies, le blocus continental, l'insuffisance des installations portuaires obligent La Rochelle, comme tant d'autres ports de la façade atlantique, à se tourner vers la pêche industrielle. En 1881, nouvelle étape : l'avant-port de commerce en eau profonde de La Pallice est créé, en agrandissement constant. Ce qui n'a pas empêché La Rochelle de se reconvertir dans la plaisance du XXe siècle, avec le port des Minimes, second d'Europe, immédiatement après Port-Camargue.

Le musée du Nouveau-Monde, installé dans l'hôtel d'un armateur protestant du XVIIIe siècle, témoigne du dynamisme de La Rochelle, l'un des premiers ports français à avoir tiré profit de la découverte des Amériques.

This merchant republic, won over to the Reformation, had the presumptuousness of setting out its corsairs against Catholic vessels. After a siege of fifteen months, during which 12 000 people died, the mayor, Jean Guitton, bowed to Richelieu, on October 28, 1628. Distrustful, the Government let the city survive under strict surveillance. Its medieval walls were razed and there only remain today the Grosse-Horloge Gate, the Chain

Tower and the Saint-Nicolas Tower, on either side of the channel.

The loss of the colonies, the Continental blockade, and the insufficiencies of the seaport forced La Rochelle, as so many other Atlantic harbours, to move into industrial fishing. In 1881, a new stage was reached: the outer deep-water commercial port of La Pallice was created and is still expanding nowadays. This has not prevented La Rochelle from converting itself to 20th century yachting and its extensive Port of the Minimes ranks second in Europe, immediately after Port-Camargue.

A New World Museum has been opened in the 18th century mansion of a Protestant shipowner. It testifies to the dynamism of La Rochelle, one of the first French ports to have benefited from the discovery and settlement of the Americas.

ILE D'OLÉRON

Sœur jumelle de Ré, la plus grande des îles françaises après la Corse est désormais reliée au continent par le cordon ombilical d'un viaduc de trois kilomètres, le plus long d'Europe après celui de Saint-Nazaire. Là ne s'arrêtent pas les records. La douceur du climat, propice au mimosa, en a fait «l'île des parfums». Autre miracle: favorisée par

Le port d'Oléron vu en face de l'entrée, gravure de Yves Le Gouaz d'après un dessin de Lomet, vers 1785. Oléron: The port seen from the entrance, engraving by Yves Le Gouaz, after a drawing by Lomet, c. 1785.

Claude-Joseph Vernet : *Vue
du port de Rochefort*, 1762.
View of Rochefort.
Paris, musée de la Marine.

la tiédeur des pertuis, l'ostréiculture, honorée
par un musée, se développe considérablement,
au point que l'activité du port du Château
dépasse celle de La Cotinière, traditionnelle-
ment portée au bouquet. La plaisance, bien
sûr, y trouve de nombreuses attaches, notamment à Boyardville, port militaire d'estuaire
créé par Napoléon Ier, et Saint-Trojan, grande
station balnéaire et climatique.

Twin sister of Ré island, the largest of
French islands after Corsica, Oléron is now
linked up to the Continent by a three kilometer
long viaduct – the second longest in Europe
after Saint-Nazaire bridge. Records do not
stop there. The mildness of the climate,
propicious to the growing of mimosa, has
made it a «perfume island». And another
economic miracle has happened : favoured
by the warmth coming from the straits, the

cultivation of oysters, which has the honour of a museum, has had a considerable development, to the point that Le Château harbour has now a greater activity than La Cotinière, traditionaly inclined to prawn-fishing. Yachts-men, of course, find numerous ports of call there, and notably in Boyardville, an estuary naval port created by Napoleon I, or in Saint-Trojean, an important seaside and climatic resort.

ROCHEFORT

Pendant un bon siècle, c'est Rochefort, succédant à Brouage ensablée, qui pourvut aux besoins de toutes nos colonies d'Amérique : personnel et matériel, ouvriers et soldats. Ainsi le voulut Colbert qui créa de toutes pièces, en 1665, à quinze kilomètres de la mer, la base navale du Ponant. Il y fit construire en douze ans 24 vaisseaux de haut bord, garants de la prospérité du royaume. Le musée de la Marine en présente les maquettes. Quant à la Corderie Royale, modèle du genre, superbement restaurée, elle abrite aujourd'hui le Conservatoire du littoral.

C'est aussi la ville de Pierre Loti, officier de marine et écrivain, dont les « merveilleux ailleurs » sont préservés dans la maison natale.

For a century at the very least, Rochefort, succeeding to silted-up Brouage, supplied most of the French settlements in America with colonists and equipment, labourers and soldiers. Colbert assigned it that task in the same authoritative way he laid out, in 1665, a naval base at Le Ponant, at a distance of fifteen kilometers from the sea. In twelve years, he had built 24 huge ships there, thus guaranteeing the prosperity of the kingdom. The Naval Museum presents their models. As for the King's Ropery, one of the best in its time, superbly restored, it houses the Littoral Conservatory.

Rochefort is also Naval officer and writer Pierre Loti's birthplace. His "wonderful else-where" – memories of the exotic places he visited over half a century and described in an impressionistic style – is preserved in his house.

ROYAN

Située à l'entrée de la Gironde, Royan se signale aux navigateurs par la flèche de l'église Notre-Dame, coulée en béton armé. Solidement retranchés dans la place, les Allemands, en effet, ne lâchèrent prise, à la veille de l'armistice, qu'après des bombardements intensifs. La ville que l'on apprécie aujourd'hui pour son marché couvert en voûte-parapluie, ses immeubles concaves du Front de mer, son casino et son palais des Congrès, doit sa renaissance à Auguste Perret, l'architecte du Havre. Née au milieu du XIXe siècle autour d'un port sardinier encore actif, Royan s'impose comme pivot du tourisme balnéaire, grâce à ses conques et ses forêts de pins.

At the mouth of the Gironde, Royan signals itself to the navigator through the spire of the reinforced concrete church of Our Lady. Firmly entrenched in the place, the Germans of the Second World War only left it on the

Guillain : *Royan. Le bateau échoué*, aquarelle, 1975.
Royan. A boat lying high and dry, watercolour.
Collection Denis Chevalier.

Eugène Boudin :
Le port de Bordeaux, 1874.
Bordeaux, the harbour.
Paris, musée du Jeu de Paume.

eve of the armistice and after intensive air raids. *The town one appreciates today for an umbrella-vaulted market-place, concave seaboard buildings, a casino and a congress-hall, owes its renaissance to Auguste Perret, the famous architect of Le Havre. A midnine-* teenth century creation around a still active sardine fishing-port, Royan has made a name for itself as an essential center for balneary tourism, thanks to its long beaches, its conches and its pine forests.

BORDEAUX

« On loue Bordeaux comme on loue la rue de Rivoli : régularité, symétrie, grandes façades blanches... Prenez Versailles et mêlez-y Anvers, vous avez Bordeaux... » C'est Victor Hugo qui parle.

En fait, c'est plutôt Lisbonne qu'elle évoque, avec ses esplanades, ses portiques en amphithéâtre, d'où son nom de « port de la Lune » et ses armoiries : croissant d'argent sur ondes d'azur. La fortune lui vint de ses coteaux à vigne, déjà chantés par le poète latin Ausone. Rattachée à la couronne d'Angleterre, ainsi que toute l'Aquitaine, elle y trouva l'appui d'un commerce fructueux, échangeant ses

107

Claude-Joseph Vernet :
*Première vue du port
de Bordeaux prise du côté
des salinières, 1759. First
glimpse of Bordeaux
harbour, seen from the
salt-works side.*
Paris, musée de la Marine.

vins contre des draps, des laines ou des salaisons. Le sucre, le café, le cacao embaumèrent ensuite ses quais.

Depuis, elle n'a cessé de compenser son handicap de port fluvial, sur la Garonne, à 98 kilomètres de la mer, par des relais portuaires en Gironde, à Blaye, Pauillac, Bassens, Bec d'Ambès, enfin Le Verdon-sur-Mer pour le gros tonnage. Le canal des Deux Mers, œuvre géniale de l'ingénieur Riquet, trouve dans

les navigateurs anglo-américains d'enthousiastes utilisateurs. Au musée des Douanes, maquettes, plans et bateaux des douaniers du siècle dernier côtoient un secteur consacré à la protection des fonds archéologiques sous-marins.

"One praises Bordeaux as one does the Rue de Rivoli : regularity, symmetry, tall white façades... Take Versailles and mix it with

Anvers, you have Bordeaux..." Thus spoke Victor Hugo.

To be frank, the town looks more like Lisbon, with the esplanades, the amphitheatrical porticoes that have earned it the nickname of "Port of the Moon" and the talking arms of a silver crescent on azure undae. Its wealth has come from the vineyards of the surrounding hillsides, already sung in his time by Latin poet Ausonius. United to England along with the entire Aquitanian – or Guyenne – Crown province, Bordeaux found a support there for a profitable trade, exchanging wine for cloth, wool or salted foods. Later on, sugarcane, coffee and cocoa beans gave their fragrance to the quays. Since then, the town has never ceased to compensate its handicap as a fluvial port on the Garonne River, 98 kilometers from the sea, by developing port relays all along the Gironde – the name taken by the river after the Dordogne, its main affluent, has flowed into it –, that is to say in Blaye, Pauillac, Bassins, Bec d'Ambès and finally, in Verdon-sur-Mer, for ships of important tonnage. The South Canal, which connects the Atlantic with the Mediterranean Sea, an inventive piece of work due to engineer Paul Ricquet, finds particulary enthusiastic adepts among Anglo-American pleasure boatmen. A Customs Museum presents models, blueprints and Customs-officers' boats of the 19th century and has a section devoted to the protection of underwater archaeologically rich sectors.

ARCACHON

Seul lac des Landes qui ne soit pas verrouillé, le bassin d'Arcachon ne se découvre, en sa plénitude, que de la dune du Pilat, la plus haute d'Europe. Poissonneux, fourmillant d'oiseaux, balayé par les effluves balsamiques des pins, la «petite mer de Buch», comme on l'appelait jadis, a un avantage sur la Génésareth de l'Évangile : son gisement d'huîtres. De ce fait, elle est la plus grande région ostréicole de France, et par conséquent d'Europe sinon même du monde. Pas un port qui ne possède la parfaite panoplie de l'huîtrier, avec ses pinasses, ses dégorgeoirs, ses parcs, et cela va de La Teste à Arès en passant par Gujan-Mestras. Zone fragile, sensible à la moindre pollution, le bassin se situe à l'avant-garde de l'écologie, au sens scientifique du terme, avec la réserve ornithologique du Teich et le musée-aquarium d'Arcachon.

The Arcachon Basin is the only lake in the Landes that is not closed, but it can only be fully seen from the summit of the Pilat, the highest sand dune in Europe. Abounding in fish, sheltering bird colonies, swept by the pine's balsamiferous exhalations, the "small sea of the land of Buch", as it was once called, has an advantage over the Gennesaret of the Scriptures : its oyster bed. This make it the first oyster-cultivating region in France, hence in Europe and most probably in the world. There is not a village around that is not equipped with the perfect panoply of the oyster-cultivator, smacks, disgorgers, parks, and all that can be seen from La Teste to Gujan-Mestras and Arès. A fragile area, sensitive to all kinds of pollution, the basin has placed itself in the vanguard of ecology, with the ornithological reserve of the Teich and the Museum-Aquarium of Arcachon.

Guillain : *L'île aux Oiseaux. Barques de pêcheurs*, aquarelle, 1970. *Bird's Island. Fishing smacks*, watercolour. Collection Denis Chevalier.

Claude-Joseph Vernet : *Vue du port de Bayonne, 1761. View of Bayonne*. Paris, musée de la Marine.

BAYONNE

«Nunquam polluta», jamais violée, proclame sa devise. Et pourtant cette cité, fondée en l'an III de la République romaine, fut rasée sept fois. Accroupie au confluent de la Nive et de l'Adour, elle a préféré la baleine à la sardine et vogué sur les bancs de Terre-Neuve. On dit même qu'une des caravelles de Christophe Colomb y fut construite. Puis, elle connut le sort des places de guerre, étoilée de redents à la Vauban. Porte du Pays Basque, elle abrite une population mâtinée de gascon. Débouché portuaire du bassin de l'Adour (gaz de Lacq, maïs, ciment, phosphore), c'est aussi un centre industriel pour l'aéronautique et la chimie. Et un haut lieu touristique dont les spécialités traditionnelles sont le jambon et le touron, sorte de nougat aux pignons, sans oublier la baïonnette à laquelle elle a donné son nom... et les collections laissées à sa ville bien-aimée par le peintre Bonnat.

"Nunquam polluta", never violated, proclaims its motto. However, founded in the third year of the Roman Republic, it has been razed seven times. Crouching at the confluence of the Nive and the Adour rivers, it has preferred whaling to fishing and sailed to Newfoundland great banks. It is even said that one of Christopher Columbus' caravels was built here. Then, Bayonne met with the common fate of all strong places : it was made into a star-fort fitted with redans by Vauban. Gateway to the Basque country, its mixed population speaks French as well as Basque. Port and outlet of the entire Adour Basin (Lacq natural gas, maize, cement, phosphorus), it has also become an industrial center for aeronautics and for chemistry. Above all, it remains a touristy high spot, with famous traditional specialities, such as ham and touron, a king of nougat made with pine-kernels or nuts. It is

also renowned for the bayonet, said to have been invented here... and for the remarkable art collections left by painter Léon Bonnat to his beloved birthplace.

BIARRITZ

«Reine des plages et plage des rois», tel était le slogan de Biarritz au début du siècle. Déjà, la station ne ressemblait en rien à ce «village blanc à toits roux et à contrevents verts» cher à Victor Hugo. Pot-pourri de pseudo-châteaux et de villas baroques, Biarritz s'est confortée dans sa renommée de ville de plaisir, lancée en 1854 par l'impératrice Eugénie. Pourtant, avec leurs frères de Saint-Jean-de-Luz, de Ciboure... les Biarrots faisaient la guerre aux baleines, abondantes alors dans le golfe de Biscaye, qu'ils relancèrent jusqu'aux abords de la banquise. Leur chair était appréciée jusqu'à la table des rois. Elles ne sont plus qu'un souvenir que rafraîchit, près du vieux port, le musée de la Mer.

"The queen of beaches and the beach of kings", such was Biarritz's motto at the turn of the century. The place has already lost any resemblance with the «white village with russet roofs and green shutters» Victor Hugo has praised. With its medley of phony castles and baroque villas, Biarritz has kept up its reputation as a resort of pleasure, launched in 1854 by empress Eugénie. Meanwhile, along with their neighbours of Saint-Jean-de-Luz and Ciboure... Biarrots went whaling, for whales were plentiful then, in the Bay of Biscay, and they even pursued them up to the ice floes. Whale meat was appreciated and even served at king's tables. They are hardly more than a memory now and it is their history that is recalled by the Sea Museum, near the Old Port.

Biarritz, vue de la Villa Eugénie, lithographie, XIXe siècle. Biarritz seen from the Villa Eugénie, lithography, 19th century. Paris, Bibliothèque Nationale.

SAINT-JEAN-DE-LUZ

Le 9 juin 1660, Saint-Jean-de-Luz célébrait, en son église basque aux galeries de bois, les noces de Louis XIV et de l'infante Marie-Thérèse. Hélas, la prospérité ne dura pas. Les guerres de ce roi épuisèrent le pays d'hommes et d'argent. Les Basques surtout, jaloux de leur indépendance, ne pouvaient se résoudre au joug de l'Inscription maritime créée par Colbert pour sauvegarder le recrutement de la flotte royale. Une succession de tempêtes ensabla l'embouchure de la Nivelle, suivies en 1749 du coup de grâce, un raz-de-marée titanesque. Il lui fallut un bon siècle pour s'en remettre.

Aujourd'hui, Saint-Jean-de-Luz s'est bien rangée de la lointaine baleine. Elle l'a remplacée par la pêche au thon, vivement concurrencée par ses rivaux d'Espagne. Élégante, enjouée, pleine à couler bas de souvenirs historiques, Saint-Jean-de-Luz fait la joie des vacanciers et des plaisanciers, bien à l'abri de la baie aménagée en rade pour les besoins de la guerre. Et sur le port, la maison de l'Infante, royal témoin, salue la maison natale de Ravel qui domine le port de plaisance de Ciboure.

On June 9, 1660, in Saint-Jean-de-Luz Basque Church, the inside of which is surrounded with wooden galleries, the wedding of Louis XIV with Infanta Maria Teresa of Spain was celebrated. The prosperity of old, alas, did not come back. The king's wars exhausted the whole country, taking men and money. The Basques, so jealous of their independance, could not resign themselves to be put under the yoke of the Register of Seamen, instituted by Colbert to ensure the recruiting of the royal fleet. Successive storms silted up the mouth of the Nivelle and in 1749, a giant tidal wave was a terrible blow. The port had to wait another century before recovering any importance.

Today, Saint-Jean-de-Luz has left the faraway whales to others. It has replaced wha-

Jean Rigaud:
Saint-Jean-de-Luz.

ling with tunny-fishing, but it enters there in keen competition with rival Spaniards. Elegant, attractive, rich in historic memories, Saint-Jean-de-Luz, well-sheltered as it is in a bay, modified into a roadstead for war purposes, remains a favourite resort for many holiday-makers and yachtsmen. On one quay, the Infanta House, royal testimony to a brief, glorious past, hails from afar the birthplace of musician Maurice Ravel, which dominates the yachting harbour of Ciboure.

113

François Baboulet :
Saint-Jean Cap Ferrat.

De Port-Vendres à Menton

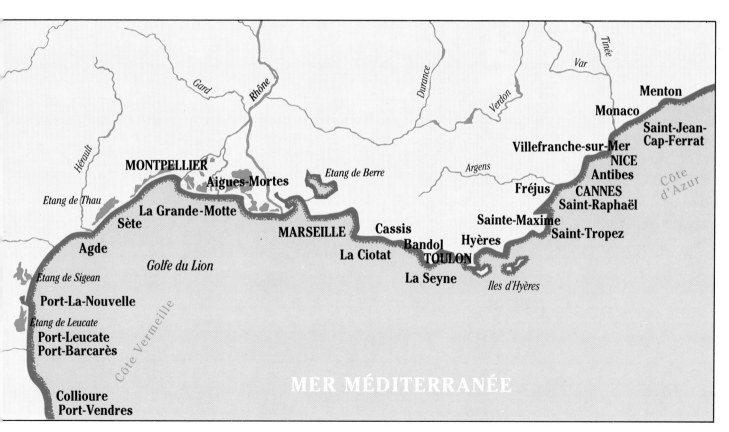

PORT-VENDRES

Derrière le nom de cette ville romaine, «Portus Veneris», transparaît le filigrane de Vénus, la déesse de l'amour, née à l'autre bout de la Méditerranée de l'écume marine. Le site assurément est superbe, au pied des Pyrénées qui s'agenouillent ici en un gigantesque escalier de cultures et de vignes.

C'est Louis XVI, alors au début de son règne, qui en a jeté les bases, comme à Cherbourg, utilisant à plein les commodités de la rade et les fortifications existantes, où l'indispensable Vauban avait déjà apposé sa marque pour désensabler le port de pêche et de commerce. Son chenal, éclairé par deux phares, est l'un des plus faciles à reconnaître de la Méditerranée : vingt mètres d'eau sous la quille, de quoi manœuvrer à l'aise et rapidement, sans avoir à se soucier des heures du flot. De fait, port le plus proche de l'Algérie, Port-Vendres maintient des relations toujours privilégiées avec le Maghreb.

Behing the Roman name of the city, "Portus Veneris", appears, veiled, Venus, the goddess of Love, born out of foam, on the other side of the Mediterranean sea. The site is truly superb, at the foot of the Pyrenees.

Louis XVI, then at the beginning of his reign, wanted to make a strong base of it, as at Cherbourg, all the while taking full advantage of the roadstead and of existing fortifications, on which the inevitable Vauban had already left his mark. The channel, lit up by two lighthouses, is one of the easiest to recognize on the Mediterranean shore. And with eleven fathoms of water, one has the means of manoeuvering easily and quickly. This partly explains why Port-Vendres, as the nearest port to Algeria, is strengthening the preferential relationship it has with the Maghreb.

Charles de Wailly : *Vue du nouveau Port-Vendres et de ses environs prise du pied de la montagne de Vénus, lavis. View of the new Port-Vendres and its surroundings, taken from the foot of the mountain of Venus, wash drawing. Paris, musée de la Marine.*

COLLIOURE

Au pied des monts Albarès, Collioure est l'un des visages de la France que l'image a popularisé à foison, avec ses barques tirées au sec, au pied du clocher-vigie qui signalait l'irruption des pirates barbaresques. S'il en est qui servent d'amer, c'est bien en effet la seule église-phare existant au monde. Les couleurs, exaspérées par la lumière, y sont si agressives qu'elles ont attiré les peintres, et notamment au début du siècle ceux qui se réclamaient des Fauves ou qui les côtoyaient, Matisse, Picasso, Derain...

Son nom, d'après d'éminents linguistes, signifierait en phénicien : la conque. Rien de plus mérité : une conque enchâssée dans des hauteurs puissamment défendues, d'où l'on partait pour la chasse au thon, aujourd'hui remplacé par l'anchois, cousin germain du hareng. Encore un de ces coins de France où le temps semble suspendre son vol, dans le vacarme des cigales.

At the foot of the Albarès hills, Collioure is one of the best-known images of France, for it has been shown everywhere, with its smacks drawn upon the beach, near a look-out clocktower, which used to signal the irruption of Barbary Coast pirates. Some church-towers serve as landmarks for navigators, but this is the only church-lighthouse in the world. In the harbour, the colours, enhanced by light, become so aggressive that they have attracted the attention of painters, and notably, at the beginning of the 20th century, those who belonged to the Fauve movement : Matisse, Derain, but also Picasso.

The name of the fishing-village means "conch" in Phenician, according to eminent linguists. No name could have been better chosen : a conch, exactly fitted into powerfully defended heights, which men left to fish tunny, now replaced by anchovy, a cousin of the herring. This is one more place, in France, where Time seems to have stopped, in an atmosphere pervaded by the noise of the cicadas.

F. Baboulet

PORT-BARCARÈS
PORT-LEUCATE

Et la côte s'étend en demi-cercle au fond du golfe du Lion, que les fleuves côtiers descendus des montagnes ont contribué à remblayer. Basse, sablonneuse, lagunaire, elle s'appuie de loin en loin sur des promontoires volcaniques, repères et asiles des navigateurs en péril.

Le plan d'aménagement de la côte Languedoc-Roussillon en a fait un rivage hospitalier, équipé de ports de plaisance, aussi bien tournés vers le large que vers les étangs. Tels sont Port-Barcarès, dont le casino est un ancien paquebot échoué, le *Lydia* et Port-Leucate (du grec ancien, la «falaise blanche»), dont Henry de Monfreid, l'auteur de tant de romans de mer, le Conrad français, fit son port d'attache.

And the coast strings out in a half-circle, at the bottom of the Gulf of Lions, to the filling in of which coastal streams, coming down from the mountains, all contribute. Low, with sandy bars cutting out saltwater lagoons from the sea, it leans from place to place on volcanic headlands, which are so many landmarks and refuges for imperilled sailors.

The new plan for the equipment of the Languedoc-Roussillon coast has made it a more hospitable stretch of land, with yachting ports giving access to the open sea and to the lagoons. Among these, Port Barcarès has taken a beached ocean-liner, the Lydia, for a casino, and Port-Leucate (from the Greek "the white cliff") remembers with pride that novelist of the sea Henry de Monfreid, in his way a French Conrad, had made it his homeport.

En 1637, les troupes françaises assiégèrent Leucate occupée par les Espagnols. C'est un des épisodes de la guerre que la France de Richelieu avait déclarée à l'Espagne deux ans plus tôt. Elle ne devait s'achever qu'en 1659 par le traité des Pyrénées qui entérina l'annexion du Roussillon occupé par les Français depuis 1640.
In 1637, French troops laid siege to Leucate, which the Spanish had taken over.
This was one of the relatively minor events of a war France, led by Richelieu, had been waging against Spain for the past two years. The cessation of hostilities intervened in 1659 with the Treaty of the Pyrenees, which ratified the annexation of Roussillon, occupied by the French since 1640.

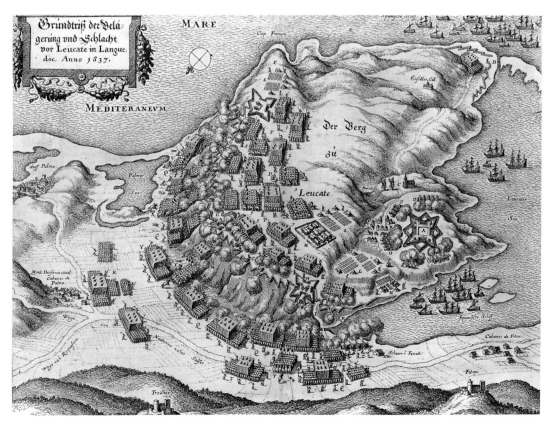

PORT-LA NOUVELLE

Phénicienne peut-être, romaine à n'en pas douter, wisigothique, musulmane même, Narbonne est tout cela à la fois. Située au fond d'un golfe que l'Aude colmatait patiemment, Narbonne, la Narbo Martius de Cicéron, se livrait au commerce des vins... Et puis, en 1320, lors d'une torrentielle crue d'hiver, l'Aude, fleuve versatile s'il en fut, changea de cours. En canalisant la Robine, son ancien lit, Narbonne en fit l'un des débouchés de son canal des Deux Mers. Cela ne suffit pas à la sortir de son engourdissement. Quant à l'Aude, elle refusa de découcher.

C'est pourquoi, en 1820, fut créé de toutes pièces, à l'ouvert du détroit de Sigean, Port-La Nouvelle, afin d'écouler à meilleur débit les produits du Midi. Aujourd'hui, le fait d'accueillir minéraliers et pétroliers n'empêche pas Port-La Nouvelle d'être la plage préférée des Narbonnais et de quelques autres. Et c'est ainsi que Narbonne a conservé les avantages d'un port, sans en subir les inconvénients.

Phenician? It might have been. Roman? Most certainly. Visigoth? Saracen?

Narbonne has made profession of allegiance to almost every invader. Located at the bottom of a gulf the Aude River was patiently filling in, Narbonne, the Narbo Martius of Cicero, was then trading in wines... In 1320, during a torrential winter spate, the Aude, a fickle stream if ever there was one, left its bed. Since then, Narbonne has canalized the Robine, its original bed, and made it one of the branches of the South Canal, linking the Atlantic Ocean with the Mediterranean Sea. This has not shaken it out of its slumber.

That is the reason why, in 1820, Port-La Nouvelle was made up from start to finish at the very opening of the straits of Sigean, in order to dispose of the southern products. Nowadays, Port-La Nouvelle welcomes mineral freighters, bulk oil-carrying ships and other tankers, all of which does not prevent it from being the favourite beach of the Narbonnais — and many others besides. Narbonne has thus managed to keep the advantages of a port without ever becoming aware of the unpleasantness of such an addition.

AGDE

C'est aujourd'hui le plus grand centre naturiste d'Europe : une activité gymnique que les colonisateurs grecs, en l'occurence des Phocéens, n'eussent pas désavouée. Le site même du Cap d'Agde y est favorable, promontoire volcanique, frangé de petites plages et de criques secrètes. On aurait bien surpris Son Éminence, si on lui eût annoncé que le môle Richelieu et l'îlot fortifié de Brescou se pareraient de nudités, dignes des intérieurs royaux.

Le charme désuet du vieux port y est pour beaucoup, dans l'attraction exercée par Agde la belle, mais aussi les multiples activités nautiques, parcs de loisirs, luna-park, pêche, joute, aquascope et même coche d'eau qu'une ville, soucieuse de plaire et de retenir, s'est ingéniée à créer. Il convient d'y ajouter le port de Cassalières, base de départ et de location de house-boats, sur le canal du Midi. Il n'est pas rare que, du lit de l'Hérault, quelque éphèbe se réveille d'un long sommeil, ou encore qu'une urne se révèle dans la plénitude de ses formes... ne regrettez rien, ils sont tous exposés au musée du GRASPA (Groupe de recherche d'archéologie sous-marine et de plongée d'Agde.

Vue du port d'Agde prise
de l'embouchure du canal
du Languedoc, dessin
et gravure de Louis
Garneray, 1843.
View of the fishing-port
of Agde, seen from the
mouth of the Languedoc
Canal, drawing and
engraving by Louis
Garneray, 1843.

It has become the most important naturist center in Europe, naturism being a fundamentally gymnic activity the first Greek colonists, in this instance the Phocaeans, would not have disowned. The very site of the cape of Agde, a volcanic headland fringed with small beaches and secret coves, favours it. His Eminence the Cardinal would probably have had quite a shock if he had been told that Richelieu's breakwater and Brescou's fortified islet would one day be adorned with beauties stripped to the buff, many of them worthy of the Royal apartments...

The old-fashioned charm of the port has much to do with the attraction of Agde the Beautiful, but so have a number of nautical sports, entertainment parks, fairs, fishing, water tournaments, "aquascopes" and even passenger barges, the town, ever anxious to please its visitors and to keep them there, has strove hard to organize. One should not forget the existence of Cassalières harbour, a base for hiring and setting out on the houseboats of the South Canal. It is not rare to see an ephebe wake up from the Hérault's bed after a long, long sleep or an urn revealed in the fullnes of its forms. But if you miss such an event, have no regret: all of them are exhibited in the GRASPA Museum (Agde underwater and skin-diving archaeological research group museum).

SÈTE

«Je dois à mon port natal les sensations premières de mon esprit... » reconnaissait Paul Valéry. Et Georges Brassens le chanteur, autre sétois, de lui donner la réplique, dans sa *Supplique pour être enterré à Sète* :

«Le bon maître me le pardonne
  Et qu'au moins,
    si ses vers valent mieux que les miens,
  Mon cimetière soit plus marin
    que le sien.»

Leur vœu a été exaucé. Ils reposent tous deux sur le mont Saint-Clair, l'un face à la mer, l'autre face à la «petite mer» de Thau.

Reconnue par les Phéniciens, port sous Louis XIV sous l'impulsion de Colbert (1666), Sète ne dut son développement qu'à l'arrivée du canal du Midi. C'est aujourd'hui le premier port de pêche de la Méditerranée et le second pour le commerce après Marseille. Du mont Saint-Clair, on découvre les garrigues, les Cévennes, le Canigou et la Méditerranée, tandis que montent les clameurs du port.

Albert Marquet : Port de Sète. Sète, the harbour.

"I owe my native harbour the very first sensations my mind ever registered..." admitted Paul Valéry.   And in his "Petition for the right to be buried at Sète", another native son, singer Georges Brassens, retorted :
"May the good master forgive me,
  But if his verse is better than mine,
  At least let my cemetery
  Be more marine than his..."
Both of their wishes have been granted. They now rest on Mount Saint-Clair, one facing the sea and the other, the "little sea" of Thau. Recognized by the Phoenicians, the port was truly established under Louis XIV, through the impetus given by Colbert (1666), but its proper development dates from the opening of the South Canal. Today, it is the first Mediterranean fishing-port, second only to Marseilles for shipping.   From Mount Saint-Clair's top, one discovers the local scrublands, the garrigues, as well as the Cévennes Mountains, Mount Canigou and the Mediterranean Sea, listening all the while to the perpetual clamour that rises above the harbour.

LA GRANDE MOTTE

Au cours de l'aménagement de la côte languedocienne, on a voulu en faire un parangon de l'urbanisme balnéaire, sur un sol vierge de toute occupation humaine. De fait, après avoir suscité bien des sarcasmes, La Grande-Motte, avec son port de plaisance de 21 hectares, ses centaines d'anneaux, ses immeubles pyramides, ses jardins plantés à grands frais et le Centre commercial du Point-Zéro, n'a pas eu de mal à ravir à Palavas-les-Flots et à Carnon-Plage les préférences des Montpelliérains.

La greffe a pris, sur une côte ingrate et malsaine que l'homme fuyait depuis toujours, faisant fraterniser avec la mer des cités aussi terriennes que Nîmes et Montpellier.

During the development of Languedoc coast, the planners wanted it to become a model of balneary urbanism, so they built it upon a ground virgin of all previous human occupation.   And after it had borne the brunt of people's sarcasms, La Grande Motte, with its 21 hectare yacht harbour, hundred of rings, gardens planted at great expense and a shopping center at Point-Zero, has had no trouble luring Montpelliérains away from Palavas-les-Flots and Carnon-Plage.

The graft has taken on a barren and unhealthy coast that man had always fled and it has encouraged fraternization between the sea and confirmed landbred towns such as Nîmes and Montpellier.

Frédéric Bazille : *Les remparts d'Aigues-Mortes.*
The ramparts at Aigues-Mortes.
Montpellier, musée Fabre.

AIGUES-MORTES

Là où le domaine royal, dans une audacieuse percée, atteignait la Méditerranée entre Provence, terre d'Empire, et Midi toulousain, terre d'Oc, saint Louis, neuvième du nom, édifia de toutes pièces une place maritime selon le plan régulier des bastides. Il en partit à deux reprises pour sa croisade d'Égypte (1248) et sa fatale croisade de Tunis (1270).

Sans que rien n'ait fondamentalement changé, Aigues-Mortes demeure échouée entre Rhône et mer, dans un étrange paysage de lagunes que les marais salants disputent à la vigne, celle du Listel. Reliée au canal du Rhône à Sète, Aigues-Mortes communique avec la mer par le Grau-du-Roi, doublé de Port-Camargue. Elle y gagne, grâce à la plaisance, d'y retrouver sous ses remparts sa vocation première de cité maritime.

At the very point where the royal domain, in an audacious drive, reached the Mediterranean sea, between Provence, then an Imperial land, and Toulouse South, a langue-d'oc land,

Saint Louis, the ninth king of France to be thus named, laid out a naval fortress on the regular plan of the walled town of his day. He took to sea twice from there: for his Egyptian Crusade (1248) and for a fatal Tunisian expedition (1270).

Nothing seems fundamentally changed in Aigues-Mortes, which has remained grounded between the Rhone River and the sea, in the middle of a strange lagoon landscape, where salt-marshes share the space with vineyards such as Listel's. Linked with the Rhone channel at Sète, Aigues-Mortes communicates with the sea through Le Grau-du-Roi, doubled with Port-Camargue. Thanks to yachting, it is finding again its first calling, that of a maritime city.

MARSEILLE

Pagnol aurait bien du mal à s'y reconnaître. Le port des Phocéens est aujourd'hui engorgé par les bateaux de plaisance, plus qu'il ne l'était par les trirèmes. Si le «ferryboite» du capitaine Escartefigue poursuit, impavide, sa navette entre les deux rives, il a fallu creuser un tunnel pour épargner au cœur de la ville l'asphyxie. Trop à l'étroit dans son cercle de collines, Marseille déborde de partout. Quant à son espace portuaire, le premier de France, cela fait plus d'un siècle qu'il est sorti du cadre exigu de la calanque grecque, s'étendant à partir du bassin de la Joliette vers l'étang de Berre et l'Europort de Fos.

Comme pour confirmer cette vocation millénaire de Marseille, on découvrait à l'occasion de grands travaux publics, les remparts et quais de Massalia, la ville grecque, et même, enfouis dans les sédiments, les restes d'une galère. Tandis que le musée de la Marine évoque à travers de remarquables maquettes de navires l'épopée massaliote, le musée du Vieux Marseille intègre *in situ* deux mille ans d'activités portuaires et maritimes. Au large, au-delà de la masse sévère du château d'If, Ratonneau et Pomègue, ancien lazaret, s'apprêtent à offrir à la plaisance un mouillage sans précédent.

Pagnol, perhaps, would only recognize it with some difficulty, for traffic in the Phocaeans' harbour gets more clogged with sailing crafts than it did in his time – or that of the triremes. Even if the "ferryboat" of his Captain Escartefigue keeps its imperturbable shuttle between the two sides, a tunnel had had to be dug up under the Old Harbour in order to avoir total asphyxia in the heart of the city. Cramped within the cirque of its hills, Marseilles is filled everywhere to overflowing. As for the harbour's works, the first in France, it is more than a century since they spilt over the narrow Greek rocky inlet into the Great Joliet basin, then took over the Berre saltwater logoon and Fos Europort.

As if to confirm the millenary vocation of Marseilles, recent excavations have brought to light Greek ramparts of Massalia and Roman docks of Massilia, as well as parts of a galley, buried in the silt. The Naval Museum evokes the Massaliot epic with the help of exceptional ship models, while Old-Marseilles Museum integrates in situ two thousand years of port and maritime activities. Offshore, backed by the stern and massive Château d'If, the connected islands of Ratonneau and Pomègue, an ancient lazaret, are preparing to offer yachts such an anchorage as the surroundings have not yet seen the like of.

Claude-Joseph Vernet :
*Intérieur du port
de Marseille, 1754. Inside
the port of Marseilles.*
Paris, musée de la Marine.

LA CIOTAT

Jean-Baptiste de La Rose :
*Le port de La Ciotat
en 1664. La Ciotat : the
harbour in 1664.*
Paris, musée de la Marine.

Les sirènes se sont tues, les soudeurs ont déposé leur arc, et les grues ont figé leur ballet. Tenue en otage, la dernière commande reste sur ses cales. Onze mois sur douze, la ville vivait à l'unisson des chantiers navals. Disparues à tout jamais, à l'horizon du Vieux Port, les grosses coques brunes qui assuraient l'avenir. Tel est le lot de toute mono-industrie, frappée par la conjoncture. Une reconversion s'impose, qui, si elle eût été préparée et concertée, eût été moins traumatisante.

Que faire de ce capital, souvent à la pointe du progrès technologique ? Que faire des hommes surtout, dont les trois-quarts, ouvriers spécialisés, vivaient pour et par la Navale ? Sur la plage, qui bat des records d'ensoleillement, autour de l'Île Verte, au creux de la calanque de Figuerolles, la mer fait entendre sa voix, avec plus de force. C'est d'elle que viendra la réponse : «Voyez mon meilleur collaborateur et ami, le commandant Cousteau, il a sûrement une solution.»

Hooters have ceased to pierce the air, welders have put away their arcs, cranes stand stiffly to attention, their ballet figures interrupted. Held as hostage, the last commissioned boat remains on a slipway. For eleven months out of twelve, the town lived in unison with the shipbuildings yards. But the heavy brown hulls that used to ensure its future have disappeared forever on the Old Harbour horizon. Such is the fate of every mono-industry when it is struck by economic crisis. Redeployment is now insistently called for: had it been prepared and concerted before-hand, it would have been less of a trauma for everyone concerned.

What will be done with this capital, often representing the latest technological progress? And above all with the men, most of whom were technicians who lived for and by the shipyards? On the beach, where sunshine records are broken, around Verte Island and at the bottom of Figuerolles calanque, the voice of the sea booms out forcefully. It will certainly propose an answer such as: "Go and ask my best collaborator and friend, Jacques Cousteau. He is bound to find a solution."

BANDOL

Claude-Joseph Vernet: *Vue du golfe de Bandol. Pêche au thon. View of the gulf of Bandol. Tunny-fishing.* Paris, musée de la Marine.

Bandol joue atout-maître avec son ensoleillement record, sa protection anti-mistral, ses rangées d'eucalyptus et de palmiers, son vaste port où relâchent à l'aise les plus belles unités de plaisance de la côte, tandis qu'à deux encâblures, la petite île de Bendor joue les prolongations. Elle y réussit fort bien : tout un volant d'activités culturelles, sportives, voire

scientifiques, patronnées par la Société Ricard, en font un haut lieu du tourisme méditerranéen. Un musée des Vins et spiritueux, comme il se doit, aligne à la parade plus de 8 000 bouteilles en provenance de cinquante pays.

Bandol comes up with extraordinary sunshine, a protection against the mistral, rows of eucalyptus and palm-trees, and a large harbour where the biggest yachts haunting the Mediterranean shores may put comfortably in. And two cables' length away, the islet of Bendor claims to be an extension. It manages to be quite convincing, too : a whole range of cultural sport and even scientific activities makes it a high sport of Mediterranean tourism. A wine and spirits museum parades more than 8 000 bottles, that come from fifty countries.

TOULON

C'est d'abord une rade où, par deux fois, sonna le glas de la Marine française, en 1793, du fait des Anglais, en 1942, du fait des Allemands. Une destruction complète d'un côté, un sabordage de l'autre. Voulu port de guerre, Toulon l'est resté, refuge sûr, et parfois piège fatal. Aujourd'hui comme alors, l'entretien et la réparation des navires représentent la principale activité de l'Arsenal, cellule originelle de la ville. C'est là que, le long de la Darse Neuve, sévissait le bagne évoqué par Victor Hugo dans *Les Misérables*...

Le fort de Balaguier en évoque, seul, désormais, les rigueurs, tandis que le musée de la Marine, le musée du Vieux-Toulon, la Tour Royale... mâchonnent les grandes heures de la flotte, à l'abri de vieux forts déclassés. Du plus inaccessible, au sommet du Mont-Faron, on a

Claude-Joseph Vernet : *Troisième vue du port de Toulon,* détail, partie droite : *Le vieux port. Third view of Toulon,* detail, on the right : *The Old Harbour.* Paris, musée de la Marine.

fait un Mémorial national du Débarquement en Provence. En contrebas, aisément déchiffrable par une Table d'orientation, se déploie dans toute son ampleur la rade admirable, où les grues géantes de La Seyne font face à la forêt de mâts de Saint-Mandrier.

First of all, it is a roadstead where twice the bell has tolled for the French Navy: in 1793, on account of the English, and in 1942, on account of the Germans. Complete destruction first, and a scuttling then. Designed as a militaryport, Toulon has remained a refuge, changing itself sometimes into a deadly trap. Today, as then, ships upkeep and overhauling represent the principal activity of the

Arsenal, the original core of the town. A penitentiary described by Victor Hugo in Les Miserables used to be established there, along the "new" harbour...

Only Fort Balaguier still evokes the rigours of hard labour, whereas a Naval Museum, the Museum of Old Toulon and the Royal Tower... recall the hours of glory of the French fleet, under the protection of ancient and declassified forts. The most difficult to reach, Beaumont Tower, on top of Mount Faron, has been turned into a Memorial to the Allied Landings in Provence. Below it, easily decipherable thanks to an Orientation table, one gets a commanding view of the entire admirable roadstead, with the giant cranes of La Seyne facing Saint-Mandrier's forest of masts.

SAINT-TROPEZ

Jamais saint plus insignifiant n'a honoré ville plus célèbre, plus mondaine, plus séduisante, plus sophistiquée que «Saint-Trop'». Sous l'œil impassible du bailli de Suffren, qui nous eût épargné Trafalgar, s'il eût vécu, elles ont toutes défilé, personnalités des lettres et des arts, vedettes de renom, célébrités d'un jour, avec Brigitte Bardot en figure de proue, comme si, du Café des Deux Magots aux bistrots du port, il n'y avait que quelques volées de marche à descendre.

Au long de ses quais, véhicules haut de gamme et coursiers des mers cohabitent dans une luxueuse promiscuité. Chaque soir, réceptions, sauteries, vernissages parent les gréements de multiples lucioles. C'est la Tentation de Saint-Trop', pourrait-on dire, que l'on éprouve dans son acuité au musée de l'Annonciade, l'un des mieux fournis en matière d'art

moderne, tandis que la citadelle du XVIe siècle abrite le musée Naval.

Never a less significant saint has honoured more famous, more mundane, more seductive and more sophisticated a town than that of "Saint-Trop". Under the impassive eye of the Bailiff of Suffren, the naval commander who, had he lived longer, might have spared us Trafalgar, they have all filed past, famous men and women of letters, artists, film stars, one-day celebrities, with Brigitte Bardot as their figurehead, as if from Two-Magots Café to the harbour's taverns, there were only a few flights of steps...

On the sea-front, one may sometimes see fashionable cars and cabin-cruisers cohabitating in luxurious promiscuity. In the evening, receptions, parties, previews decorate the rig-

Paul Signac: *Port
de Saint-Tropez*, 1899.
Saint-Tropez, the harbour.
Saint-Tropez, musée
de l'Annonciade.

*gins with countless fireflies. It is Saint-Trop's
temptation, one might say, that is particulary
thrown one's way in the Annonciade Museum,*
*with its large Modern Art collection, or in the
16th century citadel, which houses a naval
museum.*

SAINT-RAPHAËL

Fréjus avait un port. Ses restes en parsè-
ment la campagne, et notamment le lanternon
de son phare. Saint-Raphaël l'a remplacé. Mais
le cadre est le même. Un golfe où la Méditerranée semble avoir concentré l'éclat de ses
prunelles, et pour toile de fond, l'Estérel, rouge,
pourpre, violine, cramoisi...

De la villa gallo-romaine aux résidences
d'aujourd'hui, qu'y a-t-il de changé, quant à
l'essentiel, c'est-à-dire la griserie de vivre au
sein d'une nature généreuse, sous la carese du
soleil et la morsure du sel? Rien apparemment.
C'est là le vrai miracle de la Méditerranée, dont
la lumière dissout les contingences.

Vue de la ville de Fréjus
et du Port de Saint-Raphaël,
dessin et gravure de Louis
Garneray, 1823. *View of the
town of Fréjus and
Saint-Raphaël harbour,
drawing and engraving
by Louis Garneray, 1823.*

Fréjus had a port, the ruins of which, notably the lighthouse lantern, are still disseminated in the countryside. Saint-Raphaël has replaced it. And the site is quite similar: a gulf where the Mediterranean sea looks as if it had concentrated there the whole sparkle of its eyes. As for the background, it is provided for by the massif of the Estérel – red, light purple, deep purple, crimson...

From the Gallo-Roman villa to modern country-houses, what can be the changes in regard to the essential, that is to say the intoxication of living in the midst of a generous nature, feeling in turn the sun's caresses and the salt bitings? Nothing, it seems! Such is the true miracle of the Mediterranean shore, where all contingencies get dissolved by the light.

CANNES

A l'heure du Festival, sur la Croisette, se coudoient le monstre sacré, nostalgique de ses débuts, et le jeune cinéaste du Tiers Monde, anxieux de s'affirmer. Il en a fallu de l'énergie aux Cannois pour s'imposer, eux aussi. Au début, il y eut un cri, celui de Stendhal : « Ici, on peut passer en paix le soir de sa vie. » Mérimée, ami de Napoléon III, l'entendit. Il y attira maints écrivains dont les lettres et récits bâtirent à Paris la réputation de Cannes.

En 1848, on y élève un phare. En 1854, la Croisette, lande venteuse, est aménagée. En 1863, le premier train entre en gare. Mais Maupassant, qui s'y connaissait, qualifiait Cannes de « port dangereux que rien n'abrite, rade ouverte à la mer du Sud-Ouest qui y met tous les navires en danger». Aujourd'hui, les jardins de la Croisette, les ports de pêche et de plaisance, les palaces de front de mer, le casino et le fameux festival, les commerces de luxe, les débauches de fleurs, bref, tout ce qui constitue la douceur de vivre cannoise, font de l'ancienne Canoîs, sinon le premier port de plaisance de la Méditerranée, comme le prophétisait le président Félix Faure, tout au moins le plus huppé.

During the film festival, one may see side by side on La Croisette some ageing public

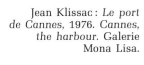

Jean Klissac : *Le port de Cannes, 1976. Cannes, the harbour.* Galerie Mona Lisa.

idol, nostalgically remembering his début, and a young Third World film-maker, anxious for recognition. For their part, the inhabitants of Cannes have had to display much energy in order to put the name of the town on the map. In the beginning, there was a cry of approval, that of Stendhal : "Here, one may idle away in peace the evening of life." Mérimée, on friendly terms with Napoleon III, heard it. He attracted many writers to Cannes whose letters and descriptions made the place a reputation in Paris.

In 1848, a lighthouse was erected. In 1854, La Croisette, then a windy barren heath, was laid out. In 1863, the first train came in. However, Maupassant, who knew what he was talking about, used to qualify Cannes a "dangerous harbour, with nothing to shelter it, a roadstead open to the southwest sea, which endangers every ship moored in it."

Today, the gardens of La Croisette, the fishing-port and the yacht harbour, the sea front hotels, the casino, the famous festival, the fashion shops, the riot of flowers, in short all that may render life there sweeter, make of the ancient Canoîs, if not the first Mediterranean yachting place, as President of Republic Félix Faure had prophesied, at least the most classy.

ANTIBES

Qui, des deux, fait le plus rêver ? Juan-les-Pins, dont la plage vit un jour débarquer, tambour battant, les bonnets à poil de la Garde – c'était au retour de l'île d'Elbe – ou Antibes, la Grecque Antipolis, dont le fort à la puissante carrure rappelle qu'elle fut, des siècles durant, place-frontière, avant que la Savoie n'intègre le giron français.

En fait, elles se complètent harmonieusement. L'une, plus branchée, avec son festival de jazz qui, chaque été, met en émoi sa pinède, l'autre, plus grave, que ses origines héllènes appellent à d'autres devoirs. Au sein d'une végétation capiteuse, Sophia-Antipolis, haut lieu de la «matière grise» cultive les rapports entre l'homme, les techniques et les arts. Quant au château Grimaldi, il conserve dans l'épaisseur de ses murs les peintures, dessins, gravures, lithos et céramiques que le fécond génie de Picasso a engendrés ici même pour la joie de tous.

Which of the two makes one's imagination particulary run away ? Juan-les-Pins, on the beach of which Napoleon's bearskins of the Guard landed, beating their drums – after the return from the island of Elba –, or Antibes, the Greek Antipolis, the mighty fortress of which reminds one that for centuries there was a frontier-town ("facing the city" of Nice), before Savoy and its dependencies were united to France ?

As a matter of fact, both harbours complement each other harmoniously. One has always been more fashionable, with a jazz festival that deeply moves the visitor, the other, more solemn, taking on heavier responsibilities, part of a Hellenic heritage. Surrounded by fragrant vegetation, Sophia-Antipolis, a "grey-matter" center, contributes to the strengthening of ties between man, technics and arts. As for Grimaldi Castle, it keeps inside its thick walls, paintings, drawings, printings, lithographs and ceramics born there out of Picasso's fertile genius for the enjoyment of all.

Claude-Joseph Vernet : Vue de la rade d'Antibes, détail. View of Antibes roadstead. Paris, musée de la Marine.

James Pichette:
Nice, 1955.

NICE

Une calanque, entre une colline escarpée et un morceau de pré-Alpes, communiquant aisément avec l'arrière-pays, il n'en fallait pas plus aux premiers Grecs pour mettre leurs galères en sûreté. Les Romains préférèrent s'installer sur les hauteurs de Cimiez, où les suivirent Matisse et Chagall, vingt siècles après, peccadille! Les gens du Moyen Age y revinrent, utilisant à leur profit l'acropole. Il ne reste plus rien de la citadelle chrétienne, mais le belvédère offre une vue imprenable, comme on dit, sur toute l'agglomération niçoise, le port et l'avant-port, où appareillent et reviennent les car-ferries pour l'île de Beauté. Dans la Tour Bellanda, ancien élément de l'enceinte, un musée Naval retrace l'histoire maritime de la ville.

De Nice, on croit avoir tout dit, avec la Promenade des Anglais, le Carnaval, les palaces et commerces de luxe... C'est le Vieux Port qui importe, ni italien, ni français, niçois comme la salade, avec ses ruelles fraîches, ses maisons à persiennes, ses marchés aux fleurs et primeurs, ses églises (cinq) en proie au baroque... et le musée de Terra Amata présenté sur le site même d'un campement de chasseurs de... mammouths, il y a 400 000 ans. Les siècles, ici, sont des minutes.

A rocky inlet between a steep hill and a part of the pre-Alps offering easy communications with the hinterland, the Greeks did not ask for more, so they elected it as a place of safety for their galleys. The Romans, who prefered to keep to the heights, choose Cimiez – followed there by Matisse and Chagall, some twenty centuries later, a peccadillo! Middle Ages people came back to it, using the acropolis to their profit. Nothing is left of the Christian citadel, but the belvedere offers an unimpeded view of Nice's entire urban area, port and out-port, where car-ferries cast off and come back from the Island of Beauty (Corsica). In the Bellanda Tower, one of the fortified elements of the old surrounding wall, a Naval Museum retraces the maritime history of the town.

One tends to believe everything has already been said about Nice : The Promenade des Anglais , the Spring Carnival, the luxury hotels and shops... The Old Port is the most important of them all : neither Italian nor French, but as Niçois as the justly celebrated local cuuisine, with its cool, narrow streets, its shuttered houses, its flower and fresh vegetable markets, its baroque churches (all five of them)... notwithstanding the Terra Amata Museum, presented on the very site occupied by a mammoth-hunting camp... 400.000 years ago. Centuries, here, pass by as so many minutes.

Vue générale de Nice.
General view of Nice,
Paris, Bibliothèque
Nationale.

VILLEFRANCHE

Sans conteste, c'est l'une des plus belles rades de la Méditerranée, où l'on se dispute les anneaux. Dans un déploiement de faste, comparable à celui du Drap d'Or, François Ier y reçut son allié, le Turc. Bâtie comme un théâtre antique, avec des rues voûtées, entrecoupées d'escaliers, dégringolant vers la mer, la vieille ville nous est parvenue intacte. Quant à la chapelle des Pêcheurs, elle a été entièrement décorée par Cocteau.

Et la citadelle? Déclassée, désaffectée, son sort demeura un temps incertain. Gardienne jalouse de son patrimoine, la ville s'attache à la reconvertir en un Centre culturel, où déjà, dans un bastion, 113 œuvres du sculpteur français Volti exaltent sur des modes multiples le corps de la femme. Mais ce n'est qu'un début, il est question d'y installer, entre autres, un musée de l'archéologie sous-marine... Il y a toujours des éphèbes au fond de la mer. A Beaulieu, chauffée à blanc dans son cirque de falaises, la villa Kerylos fait revivre le quotidien d'une famille patricienne, au temps du miracle grec.

Without contest, it is one of the most beautiful roadsteads of the Mediterranean coast, and one fights over its rings. In a display of splendour worthy of the Field of the Cloth of Gold, Francis I received his ally, the Turk. Conceived like an ancient theater, with vaulted streets, cut with stairs that descend towards the sea, the Old Town has been left untouched for us. And the Fishermen's chapel has been entirely decorated by Cocteau.

And what of the Citadel? Declassified, disaffected, its fate remained uncertain for a time. Jealous keeper of its heritage, the town has begun to reconvert it as a cultural center and already, in one of the bastions, 113 works of French sculptor Volti glorify the female body. This is only a start. It has been planned to open there, among other things, a Museum of underwater archaeology... for there still remain a number of ephebes at the bottom of the sea. In red scorching Beaulieu, amidst its cirque of cliffs, the Villa Kerylos helps to revive the kind of life a patrician family led at the time of the Greek economic miracle.

PRINCIPAUTÉ DE MONACO

Deux moines brandissant une épée, telles sont les armes des Grimaldi, princes souverains de Monaco. L'un serait Hercule, dit monoeci, « le solitaire », l'autre Francesco Grimaldi, moine pirate. Monaco brille en effet d'un éclat solitaire, parmi ses émules. Haut lieu des vacances dorées, Monaco est gouvernée par un prince qui n'exige pas d'impôts, grâce... aux jeux. Monte-Carlo en est le centre inégalé, tandis que le « rocher » préserve les signes de l'identité monégasque : Palais princier, cathédrale, musée Océanographique, fondé par le prince navigateur Albert Ier. Entre les deux, le port de la Condamine accueille les yachts les plus somptueux, dans un tournoiement de gréements sans pareil. Fréquentée il y a plus de 200 000 ans par la Vénus de Grimaldi, Monaco a encore de l'avenir à revendre. Le nouveau quartier portuaire de Fontvieille, gagné audacieusement sur la mer, en témoigne.

Two monks brandishing swords, such are the Grimaldi – the princes of Monaco's arms. One of them would be Hercules Monoeci, the "solitary one", and the other, Francesco Grimaldi, a pirate monk. Among its emulators, Monaco shows indeed the brilliance of a remarkable solitaire. High spot for golden holidays, Monaco is governed by a prince who asks no taxes from his subjects... mainly thanks to gambling. Monte Carlo is the unrivalled center of card games, whereas the "Rock" preserves the signs of Monégasque identity : the prince's palace, a cathedral, an Oceanographic Museum founded by navigator-prince Albert I. Between these two high places, a yacht harbour, La Condamine, welcomes the most sumptuous craft in an nonpareil whirling riggings. Visited 200 000 years ago by the Grimaldi's "Venus", Monaco still has quite a future. The new Fontvieille port settlement, audaciously won over the sea, testifies to it.

La rade de Monaco avant la construction des jetées : fin du XIXe siècle, dessin de E. Lessieux, Musée national de Monaco.
Roadstead at Monaco by the end of the 19th century, drawing by E. Lessieux, Musée national de Monaco.

MENTON

C'est le dernier port de France... continentale. Partant de l'ancien Bastion, décoré intérieurement par Cocteau, un môle prolongé d'un phare, abrite, dans la baie de Garavan, des bateaux de saison en saison plus nombreux. A l'âge de la Pierre taillée, «l'homme de Menton», ainsi l'appellent les préhistoriens, tirant sa subsistance d'une nature déjà généreuse, exaltait la fécondité sous la forme de figurines féminines. Avec son crâne, elles sont au musée municipal.

Ici, le vent s'est immobilisé. Les citronniers se gaussent du thermomètre, et l'on peut passer des heures à ne rien faire, à rêver, immergé dans la chaleur et la senteur, accoster à un ponton, et monter par le dédale des ruelles, jusqu'à la chapelle des Pénitents Blancs, pour un concert de musique de chambre, et puis repartir dans la grande cantate d'une nuit de Méditerranée... A cette condition, nous sommes tous des hommes de Menton.

This is the last harbour of Continental France. Starting from the old Bastion, the inside of which has been decorated by Jean Cocteau, a breakwater, prolonged by a lighthouse, shelters yachts which come more numerous each year in the Bay of Garavan. In the Iron Age, "the Menton Man", as prehistorians call him, maintained himself, thanks to an already generous nature (and to the sea), exalting fecundity in the guise of feminine figurines. They are now in the Municipal Museum — along with his skull.

Here, the wind has calmed down. One may also accost at a pontoon, climb through a maze of narrow streets up to the White Penitents chapel, attend a classical concert in the square, then walk back while listening to the great cantata of a Mediterranean summer night... In these conditions, all of us are men of Menton.

François Baboulet :
Menton.

F.Baboulet

La Corse

Map labels:

- CAP CORSE
- Centuri Port
- MER MÉDITERRANÉE
- Golfe de Saint-Florent
- L'Ile Rousse
- Saint-Florent
- BASTIA
- CALVI
- POINTE SCANDOLA
- Golfe de Porto
- Golo
- Tavignano
- Golfe de Sagone
- Gravone
- AJACCIO
- Taravo
- Solenzara
- Golfe de Valinco
- POINTE D'ECCICA
- Porto-Vecchio
- Bonifacio
- Bouches de Bonifacio

BASTIA

Bastia se conjugue avec bastille. De fait, le port, la ville se sont épanouis à l'abri de la puissante forteresse, garante de l'ordre gênois dans une île turbulente.

Devenue préfecture de la Haute-Corse, sa rivalité avec Ajaccio pour la première place dans l'île a perdu d sa raison d'être. Chacune, désormais, suit, dos à dos, le destin que lui dicte la géographie. Port passager, le plus proche de la métropole, quand on vient de Nice, Bastia développe une activité commerciale et industrielle qui en font le premier port de l'île.

Au Palais des Gouverneurs... gênois, la tourelle du sous-marin *Casabianca,* rescapé du sabotage de Toulon et acteur décisif de la libération de la Corse, symbolise la personnalité insulaire, jalouse de son identité, mais attachée à la France.

Bastia conjugates itself with bastille and bastion. In truth, the harbour and the town have blossomed up under the shelter of a forbidding fortress that kept the Genoese order in an unruly island.

Since it houses the prefecture of Upper Corsica, its rivalry with Ajaccio for gaining the first place in the island seems no longer to have any reason for existence. Each of them

VILLE ET PORT DE BASTIA

follows now, back to back, the fate geography has assigned it. A transit port, the nearest to the metropolis for those who embark at Nice, Bastia is developing a shipping and industrial activity which make it the first port of the island.

In the Genoese governor's palace, the turret of submarine Casabianca, a survivor of Toulon's scuttling and a decisive actor in the liberation of Corsica, is one of the symbols of the island's personality, jealous of its identity, but keeping links with France.

PORTO-VECCHIO

Sable éclatant, mer translucide, fonds enchanteurs, pins-parasols et chênes-liège, criques lumineuses, tel est le golfe de Porto-Vecchio, à l'horizon caressé par un archipel oublié, les îles Cerbicales. Les chênes-liège, surtout, frappent l'imagination. Leur liège, dont on tire huit cents bouchons par arbre, associé aux vins corses, ont fait de Porto-Vecchio le troisième port de l'île. La Marina, ornée d'une superbe pinède, a de quoi satisfaire les plaisanciers les plus difficiles.

Glaring sands, a translucent sea, enchanting shoals, umbrella-pines and cork-oaks, luminous creeks, such is the gulf of Porto Vecchio, with a horizon caressed by a small archipelago, the Cerbical Islands. The cork-oaks capture above all the imagination. Each tree gives eight hundred corks, and associated with Corsican wines, these help making Porto Vecchio the third port on the island. The marina, crowned with a superb pinewood, may satisfy the most difficult of yachtsmen.

Porto-Vecchio, dessin et gravure d'Israël Silvestre. Drawing and engraving by Israël Silvestre.

BONIFACIO

La plus méridionale de l'espace français, Bonifacio abrite son port dans un site si impressionnant qu'Homère y fit faire escale à son héros Ulysse. La «marine» se muche au fond de ce qu'il faut bien appeler, faute d'équivalent méditerranéen, un fjord, car ce n'est ni une crique, ni une calanque, ni une baie... De là, une rampe raboteuse, comme au Santorin de la mer Égée, s'élève vers la ville haute, corsetée au plus près dans ses remparts.

Vue de Bonifacio, dessin et gravure de A. de Bar, 1858. *View of Bonifacio*, drawing and engraving by A. de Bar.

On s'y rassasie de vues saisissantes sur les îles de Cavallo et de Lavezzi, où s'échoua, au temps de la guerre de Crimée, la frégate *La Sémillante*. Du quai de la Marine, on gagne les célèbres falaises, criblées de grottes, où les Anciens fixaient la demeure des divinités océanes.

The southernmost town in France space, Bonifacio hides its harbour in such an impressive site that Homer had Ulysses put in at it. The marina nestles at the bottom of a narrow inlet one is tempted to call a fjord, since it looks neither like a bay, a calanque nor a creek and has no Mediterranean equivalent...

From there, a rugged ramp, reminding one of Santorin Island path, in the Aegean Sea, winds up towards the walled citadel. One does get from there striking views on the Cavallo and Lavezzi Islands, where a frigate, La Sémillante, ran aground during the Crimean War... From the quai de la Marine, one reaches the famous cliffs, full of the caves where Ancient use to place the abode of seagods.

Gheno : *Le port d'Ajaccio.*
Ajaccio, the port. Collection
Xavier Moreschi,
Association mondiale des Corses.

AJACCIO

Le fait de naître dans un port, fut-il modeste, aurait pu donner au futur Napoléon Iᵉʳ, sinon une vocation de chef d'escadre, tout au moins quelques notions de stratégie navale. La grotte d'Austerlitz se fut alors appelée de Trafalgar.

Place du Maréchal Foch, encore un terrien, à deux pas de la Gare Maritime et des bureaux de la SNCM, où les gros car-ferries accostent de toute la hauteur de leur fardage, c'est d'ici qu'il faut prendre le pouls d'Ajaccio à l'heure de l'anisette. Les relations avec le continent, telle est la grande affaire d'Ajaccio, tandis que les mouillages des Capucins, puis des Cannes s'emploient à satisfaire les exigences des plaisanciers. Quant aux musées, ils ne parlent que de l'illustre enfant du pays et de sa nombreuse tribu, dont certains, l'oncle notamment, le cardinal Fesch, ont laissé d'intéressantes collections.

His birth, in a harbour, however modest at the time, might have inspired the future Napoleon I if not with a vocation of Squadron leader, at least some with notions of naval strategy. Then the Austerlitz grotto might have been given the name of Trafalgar...

On Marshal Foch place — another landlubber —, at a stone's throw from the

Maritime Station, where the big car-ferries berth from the entire height of their dunnage, one may feel better than anywhere the pulse of Ajaccio, when anisette time come around. Relations with the Continent, that is the main object of interest for Ajaccio, while the anchorages of Les Capucins and of Les Cannes do *their best to satisfy the needs of yachtsmen. As for the museums, they only evoke the most illustrious of the town's children and his numerous family, some members of which, an uncle, Cardinal Fesch, particularly, have left quite interesting collections.*

CALVI

Christophe Colomb y serait né de parents génois, à l'ombre de la puissante citadelle, que là comme ailleurs, les occupants génois auraient implantée, afin de surveiller les remuants indigènes. Certains considèrent la chose comme plausible, d'autres carrément hypothétique, d'autres encore inventée de toutes pièces par le patriotisme local. Mais comme il n'y a pas de fumée sans feu, on peut penser qu'il y a, disons, séjourné. Ce qui est sûr, c'est que, étant né à Gênes, et Calvi étant possession génoise...

De fait, Calvi ne fait pas mentir sa réputation : sur fond de Cinto neigeux, le plus haut point de l'île, elle est devenue l'une des stations balnéaires les plus fréquentées de Corse. Sa marine, surtout, déborde d'une vie intense, sans que la pêche pour autant ne relâche ses activités traditionnelles.

Christopher Colombus is said to have been born here of Genoese parents, near the mighty Citadel, implanted there, as so many others elsewhere, by Genoese occupying forces, who had to watch over the sea and the restless inhabitants. Some people consider the story as plausible, others deem it highly hypothetical and the rest take it for pure invention, due to local patriotism. But since there is no smoke without fire, one may suppose that he stayed there for a while at least.

What is certain is that even if he was born in Genoa, Calvi was then a Genoese possession...

However, Calvi does not belie its reputation : outlined against a background formed by the snowy Cinto – the highest landmark on the island –, it has become one of Corsica's most frequented balneary stations. Its marina, teeming with people, lives an intense kind of life, even if, all the while, traditional fishing activities do not slacken at all.

Claude Jousset : *Le port de Centuri.*
Centuri, the harbour.

Musées possédant des collections consacrées à la Marine, à la Navigation et à la Pêche

Naval, Shipping Trade and Fishing Museums

BERCK-SUR-MER, Pas-de-Calais
Musée municipal, *Municipal Museum* : 60, rue de l'Impératrice

BOUCHAIN, Nord
Musée de l'Ostrevant, *Ostrevant Tower Museum* : 68, rue de l'Escaut

BOUZIGUES, Hérault
Musée de la Pêche et de la Conchyliculture de Bouzigues et du bassin de Thau, *Bouzigues and Thau Basin Fishing and Conchyliculture Museum* : 4, rue Saint-Nicolas

BREST, Finistère
Musée de la Marine, *Navy Museum* : Château

CAMARET-SUR-MER, Finistère
Musée naval, *Naval Museum* : Tour Vauban

CAUDEBEC-EN-CAUX, Seine-Maritime
Musée de la Marine de Seine, *Marine Museum of the Seine River* : avenue Caumont

CONCARNEAU, Finistère
Musée de la Pêche, *Fishing Museum* : rue Vauban

DIEPPE, Seine-Maritime
Château-musée de Dieppe, *Castle-Museum of Dieppe* : rue de Chastes

DUNKERQUE, Nord
Musée des Beaux-Arts, *Fine Arts Museum* : place du Général-de-Gaulle

ÉTAPLES, Pas-de-Calais
Musée de la Marine, *Navy Museum* : boulevard de l'Impératrice

FÉCAMP, Seine-Maritime
Musée municipal, *Municipal Museum* : 21, rue Alexandre-Legros
Musée des Terres-Neuvas, *Newfoundland Museum* : Front de mer, boulevard Albert Ier

GRANVILLE, Manche
Musée du Vieux-Granville, *Old-Granville Museum* : 3, rue Lecarpentier, Haute-Ville

GRASSE, Alpes-Maritimes
Musée de la Marine Amiral-de-Grasse, *Amiral-de-Grasse Navy Museum* : 2, boulevard du Jeu-de-Ballon

HONFLEUR, Calvados
Musée du Vieux-Honfleur, musée de la Marine, *Old-Honfleur Museum, Naval Museum* : quai Saint-Étienne

LA ROCHELLE, Charente-Maritime
Musée océanographique, *Oceanographic Museum* : Port des Minimes

LA SEYNE-SUR-MER, Var
Musée naval municipal de Balaguier, *Balaguier Municipal Naval Museum* : Corniche de Tamaris

LE CROISIC, Loire-Atlantique
Musée naval, *Naval Museum* : Hôtel de Ville

LE HAVRE, Seine-Maritime
Musée de l'Ancien-Havre, *Ancient Havre Museum* : 1, rue Jérôme Bellamarto

LE MONT-SAINT-MICHEL, Manche
Musée de la Mer, *Sea Museum* : rue Principale

LES SABLES D'OLONNE, Vendée
Musée de la Mer, *Museum of the Sea* : esplanade du Fort Saint-Nicolas, La Chaume

MARSEILLE, Bouches-du-Rhône
Musée de la Marine de la Chambre de commerce de Marseille, *Marseilles Chamber of Commerce Maritime Museum* : Palais de la Bourse, La Canebière

NANTES, Loire-Atlantique
Musée du Château des Ducs de Bretagne : musée des Salorges, *Castle of the Dukes of Brittany, Arts and Crafts Museum, Salorges Museum* : Château des Ducs de Bretagne, 1, place Marc-Elder

NICE, Alpes-Maritimes
Musée naval, *Naval Museum* : place du Château, Tour Bellanda

NOIRMOUTIER-EN-L'ILE, Vendée
Musée de la Construction navale artisanale, *Traditional Shipbuilding Museum*

PAIMPOL, Côtes-du-Nord
Musée de la Mer, *Sea Museum* : quai Pierre-Loti

PARIS
Musée de la Marine, *Navy Museum* : Palais de Chaillot, place du Trocadéro

PONT-L'ABBÉ, Finistère
Musée Bigouden, *Bigouden Museum* : Château

PORT-LOUIS, Morbihan
Musée de la Compagnie des Indes, *French East India Company Museum* : Citadelle de Port-Louis
Musée de la Mer de Lorient-Port-Louis, *Lorient-Port-Louis Sea Museum* : Citadelle de Port-Louis

ROCHEFORT-SUR-MER, Charente-Maritime
Centre international de la Mer, Corderie royale, *International Sea Center, Royal Ropery* : Jardin de la Marine
Musée de la Marine, *Naval Museum* : place de La Galissonnière

SAINT-BRÉVIN-LES-PINS, Loire-Atlantique
Musée de la Marine, *Naval Museum* : place de la Marine-Mindin

SAINT-BRIEUC, Côtes-du-Nord
Musée d'Histoire, *History Museum* : cour Francis-Renaud, rue des Lycéens-Martyrs

SAINT-CLÉMENT-DES-BALEINES,
Charente-Maritime
Petit musée de la Mer, *Small Sea Museum*: île
de Ré

SAINTES, Charente-Maritime
Musée d'Art régional Dupuy-Mestreau,
Dupuy-Mestreau Local Art Museum: Hôtel
Monconseil, 4, rue Monconseil

SAINT-JEAN-D'ANGÉLY, Charente-Maritime
Musée de la Société d'archéologie, *Archeological Society Museum*: 2, rue Valentin

SAINT-MALO, Ille-et-Vilaine
Musée d'Histoire de la Ville, *Local History Museum*: Grand Donjon du Château, Hôtel de Ville
Musée international du Long-Cours cap-hornier – Tour Solidor, *International Cape Horn Merchantmen Museum – Solidor Tower*: Tour Solidor, Saint-Servan-sur-Mer

SAINT-MARTIN DE RÉ, Charente-Maritime
Musée naval et Ernest-Cognacq, *Naval Museum and Ernest Cognacq Museum*: Hôtel de Clerjotte

SAINT-TROPEZ, Var
Musée naval, *Naval Museum*: Citadelle

SCEAUX, Hauts-de-Seine
Musée de l'Ile-de-France, *Ile-de-France Museum*: Château de Sceaux

TALMONT, Charente-Maritime
Musée des Amis de Talmont, *The Friends of Talmont Museum*: rue de l'Église, Talmont, Cozes

TOULON, Var
Musée de la Marine, *Navy Museum*: place de l'Ingénieur-Monsenergue
Musée naval de la Tour royale, annexe du musée naval de Toulon, *Naval Museum of the Royal Tower, annex to Toulon Navy Museum*: pointe de la Mître, Le Mourillon

Nous vous recommandons vivement la visite des nombreux musées d'Art, d'Histoire ou des Beaux-Arts qui possèdent notamment des peintures de marines, ainsi que celle des musées Océanographiques.

We strongly recommend the visit of local Arts and Crafts, History, Fine Arts as well as Oceanographical Museums for they present additional elements of public interest and notably, a considerable number of seascapes.

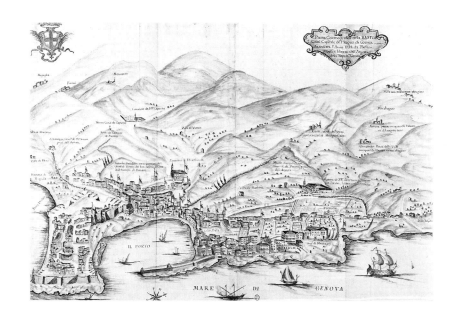

Index des Ports

Abbeville.	23	Bastia	144	Camaret-sur-Mer	75
Agde	120	Bayonne	110	Cancale	58
Aigues-Mortes.	124	Belle-Ile-en-Mer	90	Cannes	134
Ajaccio	148	Bénodet	81	Carteret	51
Anglo-Normandes, îles	60	Biarritz	111	Chausey, îles	52
Antibes	137	Bonifacio.	146	Cherbourg	49
Arcachon	109	Bordeaux	106	Collioure.	117
Arromanches-les-Bains	44	Boulogne-sur-Mer	20	Concarneau	83
Audierne.	79	Brest	71	Deauville.	42
Bandol	129	Caen	43	Dieppe	27
Barfleur	48	Calais	19	Douarnenez	77
Barneville	51	Calvi	149	Dunkerque	16

Erquy	63	Monaco, Principauté de	141	Roscoff	68

Port / Lieu	Page	Port / Lieu	Page	Port / Lieu	Page
Erquy	63	Monaco, Principauté de	141	Roscoff	68
Étaples	22	Mont-Saint-Michel	54	Rouen	36
Étretat	32	Morlaix	67	Royan	105
Fécamp	31	Nantes	93	Saint-Brieuc	64
Granville	52	Nice	138	Saint-Cast	62
Gravelines	18	Oléron, île d'	103	Saint-Guénolé	80
Groix, île de	89	Ouessant, île d'	68	Saint-Jean-de-Luz	112
Honfleur	38	Ouistreham	43	Saint-Malo	59
La Ciotat	128	Paimpol	65	Saint-Nazaire	93
La Grande-Motte	123	Pont-Aven	85	Saint-Raphaël	93
Landerneau	74	Pornic	98	Saint-Servan-sur-Mer	62
La Rochelle	101	Portbail	51	Saint-Tropez	132
Le Croisic	92	Port-Barcarès	118	Saint-Vaast-La Hougue	47
Le Guildo	62	Port-en-Bessin-Huppain	47	Saint-Valéry-en-Caux	30
La Guilvinec	80	Port-Joinville	98	Saint-Valéry-sur-Somme	24
Le Havre	35	Port-La Nouvelle	120	Sein, île de	78
Le Légué	64	Port-Leucate	118	Sète	123
Le Pouldu	85	Port-Louis	87	Toulon	130
Les Sables-d'Olonne	100	Porto-Vecchio	146	Trouville-sur-Mer	40
Le Touquet-Paris-Plage	22	Port-Vendres	116	Vannes	90
Le Tréport	26	Quiberon	89	Villefranche	140
Lorient	87	Quimper	82	Yeu, île d'	98
Marseille	125	Ré, île de	100		
Menton	142	Rochefort	105		

Index des Artistes

ADDEY, D. 40

BABOULET, François 114, 118, 143

BAR, A. de 147

BAZILLE, Frédéric 124

BELLANGER, Monique 88

BONNARD, Pierre 41

BOUDIN, Eugène 25, 34, 42, 107

BOUQUET, André 14

BRENET, Albert 35

CHAPAUD, Marc 75

CHASTILLON, Claude 18

COÏC 82

COURBET, Gustave 33

DEROY 58

FAUDACQ 66

GARNERAY, Louis . 23, 31, 43, 62, 121, 134

GARRET, Françoise 81

GHENO 148

GOUILLARD, Gavy 83

GOULET, René 93, 99

GUDIN, Théodore 70

GUILLAIN 59, 106, 110

HAFFNER, L. 44

HERBO, Fernand 39, 94

HUE, Jean-François	.. ..	73
HUGO, Victor.	.. ..	61
ISABEY, Eugène ..	.. ..	26
JOUSSET, Claude..	.. ..	150
KLISSAC, Jean	.. ..	135
LA PEGNA, Hyacinthe de	.. .. ..	145
LA ROSE, Jean-Baptiste de ..	.. ..	128
LE BRAS, Jean-Pierre ..	.. ..	56, 64
LEBRETON, Louis .	.. .. ..	13, 67, 78
LEDUC, Charles ..	.. ..	95
LESSIEUX	.. ..	140
LOIRE, Gabriel	.. ..	92
LOMET ..	.. ..	103
LONG, Philippe ..	.. ..	79
MANET, Édouard..	.. ..	21
MARQUET, Albert.	.. .. ..	102, 122
MAYER, Auguste ..	.. ..	71
MERCEREAU, Charles..	.. .. ..	53
MOREL-FATIO, Antoine-Léon	.. ..	50
MUSCH, Gerald	.. ..	90
NOURY, Jacques ..	.. ..	63

OZANNE, Nicolas..	.. ..	74, 86
PECKER, André ..	.. ..	8, 101
PERRAUDIN, Paul.	.. ..	37, 45, 80, 91
PICHETTE, James..	.. ..	138
QUÉRENGAL, E. ..	.. ..	65
RIGAUD, Jean	.. ..	96, 113
ROYER ..	.. ..	17
RUAIS, Stéphane ..	.. .. ..	1, 4, 69
SEILLER, Jean-Michel ..	.. .. ..	98
SÉRUSIER, Paul ..	.. ..	85
SEURAT, Georges .	.. ..	46
SIGNAC, Paul	.. ..	47, 48, 49, 133,
		4e de couverture
SILVESTRE, Israël.	.. ..	146
STRAUSS, André..	.. ..	76
TURNER, Joseph-William	.. .. ..	20
VERNET, Claude-Joseph	. 29, 104, 108, 111
		127, 129, 131, 136
VIEILLARD, Lucien	.. ..	55
WAILLY, Charles de ..	.. .. ..	116
YAN, Robert..	.. .. couverture, 84, 87, 89

Crédit photographique

Table des Matières

Préface   5

Introduction   9

De Dunkerque au Mont-Saint-Michel   15

De Cancale à Nantes - Saint-Nazaire   56

De Pornic à Saint-Jean-de-Luz   97

De Port-Vendres à Menton   115

La Corse   144

Musées possédant des collections
consacrées à la Marine, à la Navigation et à la Pêche   151

Index des Ports   154

Index des Artistes   156

Remerciements

A tous ceux qui nous ont aidés à réaliser cet ouvrage,
nous adressons nos plus vifs remerciements, en particulier aux artistes
et aux collectionneurs qui nous ont prêté et autorisé la reproduction
de leurs œuvres, ainsi qu'à Monsieur Gildas de Kerdrel,
de la Galerie Marine d'Autrefois à Paris, pour sa précieuse collaboration.

Achevé d'imprimer en mai 1989
sur les presses des
Industries Graphiques de Paris

Dépôt légal 2ᵉ trimestre 1989 nº 86
ISBN 2.903118.45.0 Imprimé en France